AF311354

LA GRAMMAIRE

POPULARISÉE

GRAMMAIRE DU TRAVAILLEUR, DU SOLDAT, DU MARIN,

Ouvrage en trois Parties :

L'ORTHOGRAPHE, LA RÉDACTION, LE STYLE,

Par Émile COUTURIER.

DEUXIÈME PARTIE :

LA RÉDACTION.

2ᵐᵉ Édition.

« Une grande nation comme la France doit souhaiter ardemment
» que l'intelligence vienne au secours des bras, et agrandisse
» la sphère et la puissance du labeur manuel. Ils ont tort ces
» gens assez timides et assez étrangers aux nécessités du temps,
» pour redouter l'instruction libéralement répandue parmi les
» ouvriers. Il faut ouvrir les voies de l'étude aux ouvriers ; il
» faut organiser pour eux le savoir qui fortifie les facultés
» de l'esprit. C'est en conviant les classes laborieuses à une
» instruction de beaucoup supérieure à celle du passé, qu'on
» marche droit à l'égalité morale par la diffusion des lumières.
» Il faut s'instruire, puisque l'intelligence féconde le travail, et
» révèle à l'homme sa propre dignité.   ROULAND,
          (Moniteur.)   » Ministre de l'Instruction publique. »
« Il n'est pas à tous les travaux qu'on peut entreprendre d'initiation
» plus puissante ni plus féconde que la GRAMMAIRE. »

ROCHEFORT

ROCHEFORT — IMPRIMERIES MERCIER ET DEVOIS, RUE DES FONDERIES, 72.

1865.

LA GRAMMAIRE POPULARISÉE.

DEUXIÈME PARTIE :

LA RÉDACTION.

DÉFINITION.

Avoir une pure rédaction, une bonne diction françaises, c'est — en communiquant ses idées de vive voix ou par écrit, — être capable d'observer les règles établies pour la construction des phrases, l'expression des mots ; c'est n'employer aucun terme altéré, manquant de justesse, surabondant...

Règles pour l'emploi du SUBJONCTIF.

La plus grande difficulté de la rédaction consiste dans l'emploi du mot du verbe au **subjonctif** : elle sera résolue en premier lieu :

Cette difficulté est triple : il faut d'abord déterminer si c'es^t bien le **subjonctif** qu'il y a lieu d'employer ; fixer ensuite quelle forme il doit revêtir, et trouver enfin comment il convient d'exprimer cette forme.

---

§ Ier. *Moyen pour déterminer si l'on doit employer le SUBJONCTIF.*

—

Le meilleur moyen pour déterminer si un verbe est SUB-JUGUÉ par un autre, c'est-à-dire s'il doit être au SUBJONCTIF, c'est de voir si l'on peut le remplacer par que je **sois**, que tu **sois**, qu'il **soit**, que nous **soyons**, etc., etc., ou encore par que je **fasse**, que tu **fasses**, qu'il **fasse**, que nous **fassions**, etc., etc.

Dans : *je veux que tu* CROIES,
Je veux que tu CHARMES,

Croies et **Charmes** sont au subjonctif, car ils peuvent se remplacer par :

Je veux que tu **SOIS** croyant, dans la croyance.
Je veux tu **SOIS** charmant.

Dans : *je veux que tu* TRAVAILLES,
Je veux que tu RÉDIGES,

Travailles et **rédiges** sont au subjonctif, car ils peuvent se remplacer par :

Je veux que tu **FASSES** l'action de travailler.
Je veux que tu **FASSES** une rédaction.

Quelque peu habituée à bien parler que soit une personne, elle ne dirait jamais dans le 1er cas : je veux que tu **es** dans la croyance, etc...., ni dans le second : je veux que tu **fais** l'action de travailler, que tu **fais** une rédaction, etc....., ce moyen est donc à peu près infaillible. Néanmoins, on trouvera ci-après les expressions les plus usitées à la suite desquelles un verbe ne peut être employé qu'au subjonctif.

———

Expressions après lesquelles un verbe ne peut être qu'au SUBJONCTIF.

—

Afin que...
A moins que...
Avant que...
En cas que...
Bien que...
De crainte que...
De peur que...
Pour que...
Pourvu que...
Quoique...
Quoi que...
Sans que...
Soit que...

—

Etre heureux que...
Se réjouir que...
Etre satisfait que...
Etre content que...
Et autres expressions
marquant
le **contentement**,
la **satisfaction**.

—

Etre mécontent que...
Regretter que...
Se repentir que...
Et autres expressions
marquant le
mécontentement,
le **chagrin**.

—

Autoriser que...
Vouloir bien que...
Tolérer que...
Et autres expressions
marquant
l'**autorisation**,
le **bon vouloir**.

—

Vouloir que...
Désirer que...
Préférer que...
Et autres expressions
marquant
la **volonté**, le **désir**,
la **préférence**.

—

Etre nécessaire que...
Etre convenable que..
Etre bon que...
Et autres expressions
marquant
la **nécessité**,
la **convenance**.

—

Crois-tu que...?
Est-il vrai que...?
Ne pas croire que...
Douter que...
Et autres expressions
marquant
l'**Incrédulité**.

Il se peut que...
Il est impossible que..
Et autres expressions
marquant
la **possibilité**,
l'**impossibilité**.

—

Craindre que...
Ne pas craindre que..
Et autres expressions
marquant
la **crainte**,
la **confiance**.

—

Etre utile que...
Etre inutile que...
Et autres expressions
marquant
l'**utilité**,
l'**inutilité**.

—

Je m'étonne que...
Et autres expressions
marquant
l'**Étonnement**.

—

Nota. — Toute expression exigeant le subjonctif est suivie du mot **que**.

Emploi du SUBJONCTIF ou d'un autre temps, selon le sens.

A l'aide de ce qui précède, on déterminera aisément si le verbe doit être au subjonctif, excepté pour quelques cas où il faut tantôt le subjonctif, tantôt un autre temps ; par exemple, un ouvrier cherche un outil dont il s'est déjà servi et qu'il sait positivement être bon ; le subjonctif alors est inutile ; car il n'admet pas la CERTITUDE : l'ouvrier doit dire :

Je cherche un outil qui EST bon.

Mais supposons qu'un ouvrier ait besoin d'un bon outil, et qu'il le cherche sans l'avoir déjà eu en mains ; on conçoit que sa recherche peut être vaine ; du moins elle est incertaine ; il faut qu'il dise alors :

Je cherche un outil qui SOIT bon.

On dit d'après le même sentiment de CERTITUDE ou d'IN-CERTITUDE :

Je suppose qu'il EST congédié d'hier.
Je suppose qu'il SOIT congédié ; que fera-t-il ?

C'est le seul homme que je VOIS.
C'est le seul homme que je VOIE.

C'est le plus bel outil qu'on m'A donné.
C'est le plus bel outil qu'on m'AIT donné.

Vous travaillez bien, de façon qu'il EST content.
Travaillez de façon qu'il SOIT content.

II. *Moyens pour fixer la forme que le SUBJONCTIF doit revêtir.*

—

Outre les temps de verbes que présente la 1re partie de la Grammaire Popularisée, et qu'on appelle *temps simples*, parce que le verbe n'est exprimé que par un seul mot, il y en a d'autres appelés *temps composés*, parce qu'ils résultent de la combinaison du verbe avoir — et aussi du verbe être, — avec le participe passé ; les voici :

TEMPS COMPOSÉS.

Passé.	Quatrième forme composée.	SUBJONCTIF.
Première forme composée.	**Futur positif, Passé ou non**	**Première forme composée.**
J'ai, tu as, il a ⎫ Limé.	J'aurai ⎫	Que j'aie ⎫
Nous avons ⎪ Poli.	Tu auras ⎪ Limé.	Que tu aies ⎪ Limé.
Vous avez ⎪ Dû.	Il aura ⎪ Poli.	Qu'il ait ⎪ Poli.
Ils ont ⎭ Fendu	Nous aurons ⎪ Dû.	Que n. ayons. ⎪ Dû.
Deuxième forme composée.	Vous aurez ⎭ Fendu.	Que v. ayez ⎭ Fendu.
J'eus, tu eus ⎫ Limé.	Ils auront	Qu'ils aient
Il eût ⎪ Poli.	**Cinquième forme composée.**	**Deuxième forme composée.**
N. eûmes, v. eûtes ⎪ Dû.	**Futur Conditionnel Passé (1)**	Que j'eusse
Ils eurent ⎭ Fendu.	J'aurais ⎫	Que tu eusses ⎫ Limé.
Troisième forme composée.	Tu aurais ⎪ Limé.	Qu'il eût ⎪ Poli.
J'avais, tu avais ⎫ Limé	Il aurait ⎪ Poli.	Que n. eussions ⎪ Dû.
Il avait, n. avions ⎪ Poli.	Nous aurions ⎪ Dû.	Que v. eussiez ⎭ Fendu.
Vous aviez ⎪ Dû.	Vous auriez ⎭ Fendu.	Qu'ils eussent
Ils avaient ⎭ Fendu.	Ils auraient	

(1) On dit aussi : J'eusse, tu eusses, il eut, nous eussions, vous eussiez, ils eussent.

Si l'on assemble les temps composés et les temps simples, on voit qu'on a **4** formes pour le **subjonctif** : deux formes simples et deux formes composées : ce sont ces quatre formes qu'il importe de pouvoir bien employer. Quand on a la certitude qu'un verbe doit être au subjonctif, on l'écrit à l'une de ces formes comme l'indique le tableau suivant :

Tableau pour l'emploi des formes du SUBJONCTIF.

—

Temps après lesquels on em-) ploie la 1ʳᵉ forme simple ou} savoir.. la 1ʳᵉ forme composée :

(1ᵉʳ PRINCIPE)
La 1ʳᵉ forme simple, quand *l'action n'a pas été faite.*

Présent.	**Futur Positif.**		Que je *lime*)à présent,
Je doute,	Je douterai,	J'aurai douté,	Que je *polisse* (demain,
Tu doutes,	Tu douteras,	Tu auras douté,	Que je *doive* (dans
Il doute,	Il doutera,	Il aura douté,	Que je *fende*) l'avenir,.
Nous doutons,	N. douterons,	Nous aurons douté,	
Vous doutez,	V. douterez,	Vous aurez douté,	
Ils doutent,	Ils douteront,	Ils auront douté,	

(2ᵐᵉ PRINCIPE)
La 1ʳᵉ forme composée, quand *l'action a été faite :*
Que j'*aie limé*)
Que j'*aie poli* (ce matin,
Que j'*aie dû* (hier,
Que j'*aie fendu*) autrefois.

Temps après lesquels on em-) ploie la 2ᵉ forme simple ou} savoir.. la 2ᵉ forme composée :

(3ᵐᵉ PRINCIPE)
La 2ᵐᵉ forme simple, quand *l'action n'a pas été faite avant celle marquée par le verbe qui subjugue :*

Passé.			
Je doutais,	J'eus douté,	J'eusse douté,	
Tu doutais,	Tu eus douté,	Tu eusses douté,	Que je *limasse*)à présent,
Il doutait,	Il eut douté,	Il eut douté,	Que je *polisse* (demain,
Nous doutions,	N. eûmes douté,	Nous cussions douté,	Que je *dusse* (dans
Vous doutiez,	V. eûtes douté,	Vous eussiez douté,	Que je *fendisse*)l'avenir,...
Ils doutaient,	Ils eurent douté,	Ils eussent douté,	
Je doutai,	J'avais douté,	J'aurai douté,	
Tu doutas,	Tu avais douté,	Tu auras douté,	**(4ᵐᵉ PRINCIPE)**
Il douta,	Il avait douté,	Il aura douté, &c	
Nous doutâmes,	N. avions douté,		La 2ᵐᵉ forme composée,
Vous doutâtes,	V. aviez douté,	**Futur**	quand *l'action a été faite*
Ils doutèrent,	Ils avaient douté,	CONDITIONNEL.	*avant celle marquée par le verbe qui subjugue :*
		—	
J'ai douté,	J'aurais douté,	Je douterais,	
Tu as douté,	Tu aurais douté,	Tu douterais,	Que j'*eusse limé*)ce matin,
Il a douté,	Il aurait douté,	Il douterait,	Que j'*eusse poli* (hier,
N. avons douté,	N. aurions douté,	N. douterions,	Que j'*eusse dû* (autrefois,.
V. avez douté,	V. auriez douté,	V. douteriez,	Que j'*eusse fendu*)
Ils ont douté,	Ils auraient douté,	Ils douteraient,	

Résumé des Principes mis en évidence par le tableau.

—

En résumé, le tableau met en évidence quatre grands principes, savoir :

PREMIER PRINCIPE. — Quand un SUBJONCTIF est subjugué par un **présent** ou un **futur positif**, et qu'il exprime une action qui *n'a pas été faite*, il faut l'employer à la **première forme simple** :

Vous doutez que je **travaille** ⟩ à présent, demain,
Tu douteras que je **travaille** ⟩ dans l'avenir,...

DEUXIÈME PRINCIPE. — Dans le même cas, s'il exprime une action qui *a été faite*, il faut employer le SUBJONCTIF à la **première forme composée** :

*Vous doutez que j'***aie travaillé** ⟩ ce matin, hier
*Tu douteras que j'***aie travaillé** ⟩ autrefois.....

TROISIÈME PRINCIPE. — Quand un SUBJONCTIF est subjugué par un **passé** ou un **futur conditionnel**, et qu'il exprime une action qui *n'a pas été faite avant celle marquée par le verbe qui subjugue*, il faut l'employer à la **deuxième forme simple** :

Pendant que tu doutais que je **travaillasse** *je travaillais*
Tu douterais à tort que je **travaillasse** *demain*, etc.

QUATRIÈME PRINCIPE. — Dans le même cas, si le SUBJONCTIF exprime une action qui *a été faite avant celle marquée par le verbe qui subjugue*, il faut l'employer à la **deuxième forme composée** :

*Tu doutais alors que j'***eusse travaillé** *antérieurement*,
*Tu douterais donc que j'***eusse travaillé** ce matin, autrefois.

Exceptions au premier, au deuxième et au troisième principe pour l'emploi des formes du subjonctif.

—

Les quatre principes qui viennent d'être donnés déterminent l'emploi des formes du subjonctif quatre-vingt-quinze fois sur cent.

Voici les cas où il y a lieu d'employer ces formes par exception au premier, au deuxième et au troisième principe.

EXCEPTION AU PREMIER PRINCIPE. — Bien qu'un verbe soit subjugué par un *présent* ou un *futur positif,* il est très remarquable que, la chose n'ayant pas été faite, le SUBJONCTIF peut s'employer à la DEUXIÈME FORME SIMPLE, et non à la *première.* Cela a lieu quand l'action que marque le verbe se trouve la conséquence d'une autre action exprimée par un **passé** précédé de l'expression **si** ; et c'est parce que dans l'exemple ci-après l'action de *travailler* est la conséquence de l'action marquée par le passé **forçait,** précédé du mot **si,** qu'il faut dire :

Je doute qu'il **travaillât** *demain* **si** *l'on ne l'y* **forçait.**

Pour qu'il soit obligatoire de s'exprimer ainsi, il n'est pas rigoureusement nécessaire de trouver *un verbe au passé* et l'expression *si* ; il suffit qu'ils soient sous-entendus, ou qu'une partie de phrase en soit l'équivalent ; par suite, comme dans la phrase suivante SANS VOUS équivaut à **si** *vous ne l'***aidiez;** **si** *vous ne l'y* **forciez,** etc., il faut dire encore :

Je doute qu'il **travaillât** *demain* SANS VOUS.

EXCEPTION AU DEUXIÈME PRINCIPE.

Dans *les mêmes cas*, si l'action que doit marquer le subjonctif est achevée, il faut employer la **deuxième forme composée**.

Je doute qu'il **eût travaillé** HIER si *l'on ne l'y* avait *forcé.*

Je doute qu'il **eût travaillé** HIER sans vous.

Cependant, bien qu'il s'agisse d'un temps passé, on emploie la **deuxième forme simple**, au lieu de la **deuxième forme composée**, quand on veut que le subjonctif présente l'action comme s'accomplissant dans le moment même où elle avait lieu.

Je ne crois pas qu'alors il **travaillât** *aussi bien qu'à présent.*

EXCEPTION AU TROISIÈME PRINCIPE. — Quand, avant un verbe au subjonctif, le mot C'EST ou C'ÉTAIT est sous-entendu, on emploie la **première** et la **deuxième forme simple** ou la **première** et la **deuxième forme composée**, selon le cas, sans faire attention au passé : *j'ai écrit*, etc., qui peut ^se trouver dans la phrase : par exemple quand je dis : *je lui ai écrit pour qu'il* **vienne** *demain*, je parle correctement, car cette phrase équivaut à : *si je lui ai écrit*, **c'est** *pour qu'il* **vienne** *demain* : le présent **c'est** exige la **première forme simple** ; mais : *je lui ai écrit pour qu'il* **vienne** *à 8 heures, et il en est dix*, est une phrase incorrecte ; car elle équivaut à : *si je lui ai écrit*, **c'était** *pour qu'il* **vînt** *à huit heures*, etc. Le passé **c'était** sous-entendu exige la **deuxième forme simple** :

Je lui ai écrit pour qu'il **vînt** *à 8 heures, et il en est 10.*

§ III. *Moyens pour déterminer la finale des formes du SUBJONCTIF.*

—

POUR LA PREMIÈRE FORME SIMPLE.

Sachant qu'un verbe doit être au SUBJONCTIF, et à TELLE FORME, il y a encore à déterminer la FINALE de cette forme. La 1re et la 2e forme simple présentent seules des difficultés.

Pour obtenir la PREMIÈRE FORME SIMPLE DU SUBJONCTIF, on prend l'**infinitif** du verbe :

Pour le 1er MODÈLE, on en supprime l'**r** : limer, q. je lime ;
P. le 2e MODÈLE, on change IR, en **isse** : polir, q. je polisse ;
P. le 3e MODÈLE, on ch. EVOIR, en **oive** : devoir, q. je doive ;
P. le 4e MODÈLE, on supprime l'**r** de RE : fendre, q. je fende.

EXCEPTIONS.

Le 1er MODÈLE n'en a que pour *aller* : que j'aille.

Le 2e MODÈLE présente les suivantes :

acquérir : que j'acquière.	*faillir* : que je faille.	*ouvrir* : que j'ouvre.
conquérir : q. je conquière	*mentir* : que je mente.	*couvrir* : que je couvre
enquérir: (s)q. j. m'enquière	*sentir* : que je sente.	*partir* : que je parte.
requérir : q. je requière.	*tenir* : que je tienne.	*sortir* : que je sorte.
bouillir : q. je bouille.	*venir* : que je vienne.	*vêtir* : que je vête.
cueillir : q je cueille.	*courir* : que je coure.	*dormir* : que je dorme.
saillir : qu'il saille (en archit.)	*mourir* : que je meure.	*servir* : que je serve.
assaillir : q. j'assaille.	*offrir* : que j'offre.	*fuir* : que je fuie.
tressaillir : q. je tressaille.	*souffrir* : que je souffre.	*enfuir* (s) q. je m'enfuie

Le TROISIÈME MODÈLE.

mouvoir : que je meuve.	*valoir* : que je vaille.	*seoir* : qu'il siée.
pleuvoir : qu'il pleuve.	*prévaloir* : que je prévale.	*asseoir* : que j'asseie.
pourvoir : que je pourvoie	*équivaloir* : que j'équivale.	*messeoir* : qu'il messiée.
voir : que je voie.	*falloir* : qu'il faille.	*surseoir* : que je sursoie.
pouvoir : que je puisse.	*vouloir* : que je veuille.	*déchoir* : que je déchoie.
savoir : que je sache.	*avoir* : que j'aie.	*échoir* : qu'il échoie.

Le QUATRIÈME MODÈLE présente les exceptions suivantes :

moudre : que je moule.	*paître* : qu'il paisse.	*boire* : que je boive.
émoudre : que j'émoule.	*naître* : que je naisse.	*vaincre* : que je vainque.
absoudre : que j'absolve.	*connaître* : que je connaisse	*convaincre* : q. je conv ..
dissoudre : que je dissolve.	*croître* : que je croisse.	*craindre* : que je craigne.
résoudre : que je résolve.	*être* : que je sois.	*plaindre* : que je plaigne.
coudre : que je couse.	*prendre* : que je prenne.	*joindre* : que je joigne.
maudire : que je maudisse.	*taire* : que je taise.	*oindre* : que j'oigne.
écrire : que j'écrive.	*plaire* : que je plaise.	*peindre* : que je peigne.
dire : que je dise.	*faire* : que je fasse.	*feindre* : que je feigne.
et tous les autres en **ire**.	*clore* : que je close	et tous les autres en **indre**

Le mot du verbe n'est donné qu'après JE, parce que tout le reste du temps est analogue à ce mot : *courir* : que *je coure*, que *tu coures*, que *nous courions*, etc. Cependant on trouve des exceptions après *nous*, *vous* ; pour :

aller.	que nous allions. / que vous alliez.	*mouvoir.*	que nous mouvions. / que vous mouviez.
acquérir. et semblables.	que nous acquérions. / que vous acquériez.	*valoir.*	que nous valions. / que vous valiez.
tenir.	que nous tenions. / que vous teniez.	*vouloir.*	que nous voulions. / que vous vouliez.
venir.	que nous venions. / que vous veniez.	*prendre.*	que nous prenions. / que vous preniez.
mourir.	que nous mourions. / que vous mouriez.	*boire.*	que nous buvions. / que vous buviez.

Saillir et *ressortir* s'expriment de deux manières au subjonctif, selon le sens :

Saillir.

qu'il saille :	qu'il fasse saillie.
qu'il saillisse :	dans les autres cas.

Ressortir.

ressortisse :	(qu'il soit du ressort).
ressorte :	(qu'il sorte de nouveau).

POUR LA DEUXIÈME FORME SIMPLE.

Pour obtenir la 2e FORME SIMPLE du subjonctif, on prend l'INFINITIF du verbe, puis on change : .

Pour le 1er MODÈLE : **er** en **asse** : limer : q. je limasse ;

Pour le 2e MODÈLE : **ir** en **isse** : polir : q. je polisse ;

Pour le 3e MODÈLE : **ouvoir, euvoir, oir, evoir**, en **usse** : devoir, que je dusse ;

Pour le 4e MODÈLE : **re** en **isse** : fendre : que je fendisse.

EXCEPTIONS :

Le 1er MODÈLE n'en a aucune.

On trouve pour le 2e MODÈLE :

courir : q. je courusse.	*tenir* : que je tinsse.	*acquérir* : q. j'acquisse
mourir : q. je mourusse.	*venir* : que je vinsse.	*requérir* : q. je requisse

Pour le TROISIÈME MODÈLE :

asseoir : que j'assisse.	*avoir* : que j'eusse.	*revoir* : que je revisse.
surseoir : que je sursisse.	*voir* : que je visse.	*savoir* : que je susse.

Pour le QUATRIÈME MODÈLE :

conduire : q. je conduisisse.	*naître* : que je naquisse.	*peindre* : q. je peignisse.
(et tous les verbes en **uire**).	*paraître* : que je parusse.	(et tous ceux en **indre**)
coudre : que je cousisse.	(et tous les autres en **aître**)	*lire* : que je lusse.
moudre : que je moulusse.	*croître* : que je crûsse.	*élire* : que j'élusse.
(et tous les autr. en **oudre**).	*être* : que je fusse.	*écrire* : que j'écrivisse.
dire : que je disse.	*conclure* : que je conclusse.	*prendre* : que je prisse.
(et les autres en **ire**)	*exclure* : que j'exclusse.	*fuire* : que je fisse.
boire : que je busse.	*plaire* : que je plusse	*vivre* : que je vécusse.
croire : que je crusse.	*taire* : que je tusse.	*mettre* : que je misse.

Sachant ce qui précède, on ne doit éprouver aucune indécision pour déterminer la FINALE DE LA DEUXIÈME FORME DU SUBJONCTIF : en effet, supposons qu'on soit un moment embarrassé pour déterminer si l'on doit dire : que je *peignisse*, ou que je *peignasse*; que je *susse*; que je *suçasse*; on ne le sera plus en se souvenant que si l'on veut exprimer le verbe PEIGNER, c'est peign**asse** ; le verbe PEINDRE, c'est peign**isse** ; SUCER, SUÇ**asse** ; SAVOIR : S**usse**.....

Règles pour l'emploi des temps des Verbes.

—

On devrait employer le PASSÉ pour citer un fait passé, le PRÉSENT pour un fait qui a lieu dans le moment où l'on parle, le FUTUR POSITIF pour un fait qui s'accomplira certainement, et le FUTUR CONDITIONNEL, si la chose ne doit se faire qu'à certaines conditions ; mais l'usage empêche qu'on ne suive rigoureusement ces principes. C'est ainsi que pour raconter un fait qui s'est accompli autrefois, au lieu de dire en employant un temps passé : *Je* **pris** *mon marteau, je* **frappai**, *tout* **vola** *en éclats*, on dit très-bien, en employant un temps présent pour rendre l'expression plus vive :

Je **prends** *mon marteau, je* **frappe**, *tout* **vole** *en éclats.*

Mais lorsqu'on adopte cette manière de parler, il ne faut pas mêler des temps passés avec des temps présents : tous les temps doivent être au présent ou au passé : il faut dire comme ci-dessus :

Je **prends** *mon marteau, je* **frappe**, *tout* **vole**... (et non : *vola).*

On ne doit pas employer un temps passé en parlant d'une chose qui a lieu, qui est vraie, dans tous les temps. Comme la ligne droite **a été**, **est**, et **sera** toujours le plus court chemin d'un point à un autre, il faut dire :

J'ai prouvé que la ligne droite **EST** *(et non :* était) *le plus court chemin d'un point à un autre.*

On ne peut pas non plus employer un temps passé en parlant d'une chose qui se continue dans le moment où l'on parle. On ne doit pas dire si Bernard est toujours zouave : *J'ai appris que Bernard* **était** *zouave*. On ne pourrait s'exprimer ainsi que s'il avait cessé de l'être. Il faut dire, parce que le fait existe au moment où l'on parle :

J'ai appris que Bernard **EST** (et non : *était*) *zouave*.

Parmi les formes employées pour exprimer le temps passé, on distingue la FORME SIMPLE : je **limai**, je **polis**, etc., et la FORME COMPOSÉE : j'ai **limé**, j'ai **poli**, etc. ; ces deux formes s'emploient l'une pour l'autre indifféremment, excepté dans un cas : il faut employer la forme composée, toutes les fois que le siècle, l'année, le mois, le jour, l'espace de temps, en un mot, où l'on précise que l'action a été accomplie n'est pas complètement écoulé ; on peut dire, attendu que la journée où s'est faite l'action de fendre, est complètement écoulée :

Je **FENDIS** *du bois hier*.

Mais comme, dans l'exemple suivant, la journée où s'est accomplie l'action de fendre, n'est pas encore achevée, il faut dire:

J'AI FENDU (et non : *je fendis*) *du bois aujourd'hui*.

On emploie le **futur positif**, au lieu du **futur conditionnel**, bien que la chose ne puisse s'accomplir qu'à certaines conditions : au lieu de dire : *nous partirions demain, si nous avions de l'argent*, on dit :

Nous **PARTIRONS** *demain, si nous avons de l'argent*.

Par contre on emploie souvent le CONDITIONNEL sans qu'il y ait aucune idée de condition ; mais il faut pour cela qu'il y ait doute, déception : c'est ainsi qu'on dit très-bien :

Il pensait qu'on le **réadmettrait** *dans l'arsenal, et il a été déçu dans ses espérances.*

Mais si celui qui parle n'a pas le moindre doute au sujet de ce qu'il annonce, c'est le FUTUR POSITIF qu'il faut toujours employer. Il faut dire pour parler correctement :

Le Directeur a promis qu'on le **réadmettra**
(et non : *réadmettrait.*)

Pour employer la forme composée **j'avais limé,** tu **avais limé, fini,** etc., il faut que l'action marquée par cette forme, soit accomplie au moment où une autre action s'effectuait. Il n'est pas correct de dire : *on a prétendu que vous* **aviez manqué** *cette pièce de forge* ; car on ne veut pas dire que la pièce avait été manquée quand une autre action s'effectuait ; mais, comme on veut exprimer que l'ouvrage était terminé à l'arrivée du maître, il convient de dire :

On a assuré que vous **aviez fini** *votre ouvrage, quand le maître entra.*

Dans le premier cas, il faut dire :

On a prétendu que vous **avez manqué** *cette pièce de forge.*

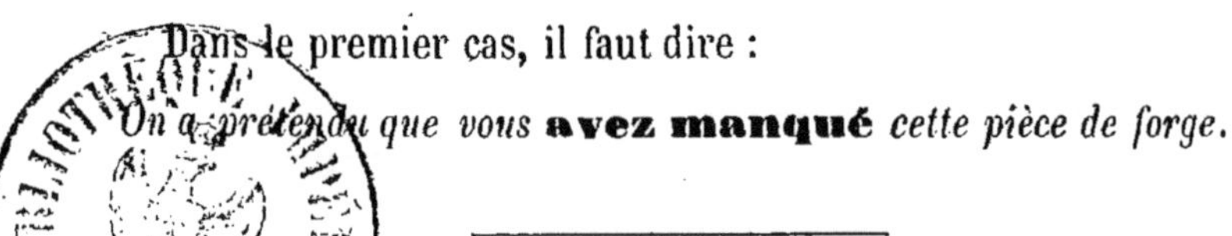

2.

Règles pour l'emploi d'*AVOIR* et d'*ÊTRE* combinés avec un *PARTICIPE PASSÉ*.

Il y a des PARTICIPES PASSÉS qui, selon le cas, veulent être combinés tantôt avec le verbe **être**, tantôt avec le verbe **avoir**.

Voici le grand principe sur lequel il faut se baser pour dire correctement : si l'on veut marquer la **marche d'une action, son progrès**, il faut combiner le participe passé avec AVOIR ; si, au contraire, on veut marquer l'**effet de l'action, son achèvement**, on le combine avec le verbe ÊTRE. Je dirai donc, parce que les progrès de l'action sont évidents :

> *Il a* VIEILLI *sous les armes ;*
> *Le ballon a* TOMBÉ *pendant six minutes ;*
> *Il a* DÉCHU *de jour en jour ;*
> *Mon bail a* EXPIRÉ *à la Saint-Jean, etc.*

Mais je dois dire, parce que l'**action ne progresse** plus, qu'elle est finie, et que je ne veux en marquer que l'effet :

> *Cet ouvrier est bien* VIEILLI ;
> *Le ballon est* TOMBÉ ; *il est là-bas ;*
> *Cette fonderie est bien* DÉCHUE ;
> *Mon bail est* EXPIRÉ *de la Saint-Jean, etc.*

C'est évidemment parce que certains verbes marquent une action qui ne peut s'accomplir d'un moment à un autre, mais seulement à un point unique du temps, qu'on en combine toujours le participe passé avec le verbe ÊTRE ; on dit :

> *Il est* (et non : A) DÉCÉDÉ, MORT.
> *Il est* (et non : A) NÉ, ÉCLOS.

ARRIVÉ, VENU et ses composés ne se combinent aussi qu'avec ÊTRE :

Il ***est*** ARRIVÉ ; *il* ***est*** VENU, PARVENU.

Entre *je me, tu te, il* ou *elle se, nous nous, vous vous, ils* ou *elles se*, et un participe passé, on emploie toujours le verbe ÊTRE ; on dit :

Vous vous ***serez*** (et non : aurez) *trompé, etc.*

Avec ACCOURU, APPARU, RÉSULTÉ, on combine à volonté AVOIR ou ÊTRE :

Je ***suis***, *ou* ***ai*** ACCOURU, APPARU.

On ne peut jamais dire : *je* SUIS ÉTÉ, *nous* SOMMES ÉTÉ, etc. On dit j'***ai*** *été, il* ***a*** *été,* etc., quand le retour est effectué :

Il ***a*** ÉTÉ *à la revue avant-hier.*

Et il ***est*** *allé*, etc., quand le retour n'a pas été effectué :

Il ***est*** ALLÉ *voir la revue qui a lieu en ce moment.*

AVOIR ou ÊTRE, selon le sens, s'emploie comme suit :

Mon fusil ***a*** PARTI.
> (*a fait explosion*).

Mon fusil ***est*** PARTI *pour Paris.*
> (*est expédié* à Paris).

*J'***ai*** CONVENU *à ce chef.*
> (*ai plu* à ce chef).

Je ***suis*** CONVENU *de cela.*
> (*suis d'accord* au sujet de cela).

*J'***ai*** DEMEURÉ, RESTÉ *à Lyon.*
> (*ai séjourné* à Lyon).

Il ***est*** DEMEURÉ, RESTÉ *sur la route.*
> (*est arrêté* sur la route).

*Ce mot m'***a*** ÉCHAPPÉ.
> (*a fui de ma mémoire*).

*Ce mot m'***est*** ÉCHAPPÉ.
> (*a été exprimé involontairement*).

Règles pour la diction du Verbe, du Qualificatif et du Participe.

Les règles données dans la 1re partie, pages 58, 59, 60, 61, 62, 63, pour l'orthographe du verbe, du qualificatif et du participe, étant les mêmes pour la diction de ces mots, il suffit ici de rappeler ces règles par des applications dans des exemples.

Ce soldat **sera** BON ; cette cantinière **sera** BONNE.

Plus d'un soldat... plus d'une cantinière **sera** BON, BONNE.

Plus d'un marin se **battront** entre eux.

Plus d'un marin se **battra** avec les Chinois.

Plus d'un grenadier, plus d'un voltigeur **seront** PUNIS.

Ce **sera** du fer. Ce **sera** du fer et du cuivre.

Ce **sont** de bons métaux. C'**est** des métaux qu'on tire cela.

Si CE ne **fut** ces hommes, qui est-ce qui fit cela ?

Si CE ne **furent** de bons ouvriers, que furent-ils ?

Un brick et un transport très BEAUX **furent** BÉNITS.

Ni un brick ni un transport très BEAUX ne **furent** BÉNITS.

La frégate et la corvette très BELLES **furent** BÉNITES.

La frégate et un brick très BEAUX **seront** BÉNITS.

Ni le transport ni le brick ne **sera** DEMAIN dans ce bassin.

Le brick ou, aussi bien que, etc., la frégate **sera** BÉNIT.

La frégate ou, aussi bien que, etc., le brick **sera** BÉNITE.

La totalité des dames **aimera** toujours à être ÉLÉGANTE.

Une foule de dames **aimeront** à être très ÉLÉGANTES.

Une foule compacte d'insurgés **empêchera** de passer.

L'un et l'autre,... ni l'un ni l'autre ne... **voudront** venir.

On est FAVORI (un homme) d'une princesse.

On est FAVORITE (une femme) d'un prince.

Des gens bien BONS ; de bien BONNES gens.

Quelque chose qu'il a est bien BEAU.

Quelque chose qu'il ait, elle doit être BELLE.

Nous vîmes des sabres TRANCHANT les têtes.

Nous eûmes des sabres bien TRANCHANTS.

Règles pour la diction du verbe en rapport avec MOI ET TOI.., NI MOI NI TOI.., MOI OU TOI.., &c.

Les règles données au sujet de la diction du verbe, lorsque les mots faisant l'action sont unis par **et, ni, ou,** ne sont applicables que quand il s'agit de la personne *dont on parle,* que l'on appelle la **troisième personne** ; mais avec cette 3ᵐᵉ personne, on peut trouver combinées la **première personne** : *celle qui parle,* et la **deuxième personne** : *celle à qui l'on parle.* Dans ces cas, il faut, en mettant le verbe au pluriel, le faire accorder avec celle des personnes combinées qui a la prépondérance ; et toujours la 1ʳᵉ personne domine la 2ᵐᵉ, et celle-ci la 3ᵐᵒ. Si par conséquent il y a une 1ʳᵉ personne : *moi, nous,* le verbe s'exprime comme après *nous* ; s'il y a une 2ᵐᵉ personne : *toi, vous,* le verbe s'exprime comme après *vous* : on dit :

Toi et **moi** (¹) (nous)	**irons**	*à Toulon.*
Lui et **moi** (nous)	**irons**	*à Rochefort.*
Toi *et elle* (vous)	**irez**	*à Rochefort.*
Elle et **nous** (nous)	**irons**	*à Paris.*
Eux et **vous** (vous)	**irez**	*à Cherbourg.*
Ni **moi** *ni lui* (nous)	**n'irons**	*à Brest.*
Ni **toi** *ni lui* (vous)	**n'irez**	*à Lorient.*
Ni elle ni **nous** (nous)	**n'irons**	*à Rouen.*
Vous ou **moi** (nous)	**irons**	*à Lyon.*
Toi *ou Marie* (vous)	**irez**	*à Paris.*

(1) Les mots *nous, vous,* entre parenthèses, peuvent être exprimés ou non, selon le plus ou le moins d'énergie qu'on veut donner à la phrase.

Règles pour exprimer le verbe après QUI.

Quand un verbe est exprimé après QUI, on le fait accorder avec les mots représentés par QUI, en observant les règles dont il vient d'être question, pages 20 et 21 :

C'est le LIEUTENANT **et le** BRIGADIER QUI **partiront**.
C'est le DIRECTEUR **ou le** SOUS-DIRECTEUR QUI **viendra**, etc.

Après MOI QUI, on exprime le verbe comme après JE, et après TOI QUI comme après TU :

C'est MOI QUI **ai** (et non : **a**) *travaillé.*
Il faudrait que ce fût TOI QUI **vinsses** (et non : **vînt**).

Le verbe placé après QUI précédé d'un *nombre* ou d'un mot équivalent, et du mot *nous* ou du mot *vous*, s'écrit comme après *nous* et *vous*, si le nombre n'est pas précédé de LES :

NOUS *sommes* DEUX QUI **avons** *eu la croix.*
VOUS *êtes* DEUX QUI **avez** *eu la croix.*

Mais si le mot LES précède le *nombre* ou le mot équivalent, on exprime le verbe comme après ILS :

NOUS *sommes* LES DEUX QUI **ont** *eu la croix.*
VOUS *êtes* LES DEUX QUI **ont** *eu la croix.*

Après LE SEUL QUI, LES SEULS QUI, LE PREMIER QUI, LE DEUXIÈME QUI, LES PREMIERS QUI, etc., le verbe s'exprime comme lorsqu'il est combiné avec *il* ou *elle*, *ils* ou *elles* :

Vous êtes LE PREMIER QUI **a** (et non : **avez**) *eu la croix.*

Irrégularités remarquables de quelques VERBES.

Un certain nombre de verbes ne sont pas de tous points semblables aux quatre modèles, mais on est généralement familiarisé avec les difficultés verbales : on ne peut guère être indécis que pour les irrégularités suivantes :

Envoyer : (futur) : j'ENVE**rr**ai, *tu enverras, il enverra, nous enverrons, vous enverrez, ils enverront.*

> Le FUTUR CONDITIONNEL n'est pas donné, attendu qu'il est toujours semblable au FUTUR POSITIF, à l'exception des terminaisons qui lui sont particulières. Quant au subjonctif, toutes les irrégularités en sont signalées dans la partie relative à l'emploi de ce temps.

Acquérir : (présent): j'ACQUI*ers*, *tu acquiers, il acquiert, nous*
(et semblables)   *acquérons, vous acquérez, ils acquièrent.*
(Passé) : j'ACQUÉ**r**...*ais, ais, ait, ions, iez, aient.*
(Futur) : j'ACQUE**rr**...*ai, as, a, ons, ez, ont.*

Tenir :   (Passé) : *je tins, tu tins, il tint, nous tînmes, vous tîntes, ils tinrent.*

Venir :   (Passé) : *je vins, tu vins, il vint, nous vînmes, vous vîntes, ils vinrent.*

Saillir :   (Présent) *il saille.*
faire saillie   (Passé): *il saillait et il saillit.*   } TRESSAILLIR a les irrégularités de **SAILLIR** (*faire saillie*).
(Futur) : *il saillera.*

Saillir :   (Présent) *il saillit.*
s'élancer sur   (Passé) : *il saillissait et il saillit.* } **SAILLIR** (s'élancer sur) *est régulier.*
(Futur) : *il saillira.*

Assaillir :   (Présent) : *j'assaille.*
(Passé) : *j'assaillais et j'assaillis.*
(Futur) : *j'assaillerai.*

Courir : (Futur) : *je* COUR**rr**...*ai, as, a, ons, ez, ont.*

Mourir : (Futur) : *je* MOU**rr**...*ai, as, a, ons, ez, ont.*

Fleurir : (Passé) : *il fleurissait, etc.* } Ce verbe est régulier dans ce sens.
(donner d. fleurs).

Fleurir : (Passé) : *je florissais, tu florissais, il florissait, nous florissions, etc.*
(prospérer) (Participe présent) . *florissant.*

Ressortir : (Présent) : *il ressortit.* } Ce verbe est régulier dans ce sens.
(être du ressort) (Passé) : *il ressortissait, etc.*

Ressortir : (Présent) : *il ressort.* } Ce verbe dans ce sens est irrégulier comme sortir.
(sortir encore) (Passé) : *il ressortait etc.*

Bouillir : (Présent) : *je bous, tu bous, il bout, nous bouillons, vous bouillez, ils bouillent.*

Vêtir : (Présent) : *je vêts, tu vêts, il vêt, nous vêtons, vous vêtez, ils vêtent.*

Seoir : (Présent) : *il sied.* (Passé) : *il seyait.* (Futur) : *it siéra.*

Asseoir (s') : (Présent) : *je m'assieds , tu t'assieds , il s'assied, nous nous asseyons, vous vous asseyez, ils s'asseyent.*

(Passé) : *je m'ass...is, is, it, îmes, îtes, irent.*
(id.) : *je m'assey...ais, ais, ait, ions, iez, aient.*
(Futur) : *je m'assiér...ai, as, a, ons, ez, ont.*

Surseoir : (Présent) *je surs..ois, ois, oit, oyons, oyez, oient.*
(Passé) : *je surs..is, is, it, îmes, îtes, irent.*
(Futur) : *je surseoi..rai, ras, ra, rons, rez, ront.*

Voir : (Futur) : *je ve**rr**..ai, as, a, ons, ez, ont.*

Mouvoir : (Présent) *je meus, tu meus, il meut, nous mouvons, vous mouvez, ils meuvent.*
(Futur) : *je mouvr..ai, as, a, ons, ez, ont.*

Valoir :
(et composés).
   (Futur) : *je vaudrai, tu vaudras, il vaudra, nous vaudrons, vous vaudrez, ils vaudront.*

Pouvoir :
   (Présent): *je peux ou je puis, etc.*
   (Futur) : *je pourr..ai, as, a, ons, ez, ont.*

Échoir :
   (Présent): *j'échois.* (passé) : *il échut.* (Futur) : *il écherra.*

Dire :
(redire et s'entredire).
   (Présent): *je dis, tu dis, il dit, nous disons, vous **dîtes**, ils disent.*
   (Passé) : *je dis, tu dis, il dit, nous dîmes, vous **dîtes**, ils dirent.*

Médire :
Prédire, dédire, contredire, interdire.
   Comme **dire**, à l'exception du présent, après vous, qui s'exprime par *méd**isez**, préd**isez**, contred**isez**..* au lieu de finir en ***îtes**.*

Maudire : (Présent) : *je maud..is, is, it, issons, issez, issent.*

Élire : (Présent) : *j'élis.* (Passé) : *j'élus.* (Futur) : *j'élirai,* (comme lire).

Clôre :
   (Présent) : *je clos, tu clos, il clôt, clos..ons, ez, ent.*
   (Futur) : *je clôr..ai, as, a, ons, ez, ont.*

Coudre :
   (Passé) : *je cousis, tu cous..is, it, îmes, îtes, irent.*
   (Futur) : *je coudr..ai, as, a, ons, ez, ont.*

Moudre :
   (Présent) : *je mouds tu mouds, il moud, nous moulons, vous moulez, ils moulent.*
   (Passé) : *je moulais et je moulus.*
   (Futur) : *je moudr..ai, as, a, ons, ez, ont.*

Taire :
   (Passé) : *je tus, tu tus, il tut, nous tûmes, vous tûtes, ils turent.* (Participe passé) : *tû.*

Vaincre :
   (Présent) : *je vain..cs, cs, c, quons, quez, quent.*
   (Futur) : *je vaincr..ai, as, a, ons, ez, ont.*

Particularités sur le genre de quelques Substantifs.

—

GENS. — Ce substantif n'est féminin pour le mot TOUS que si, entre lui et ce mot, il y a un qualificatif dont le féminin diffère du masculin. C'est ainsi qu'on doit dire :

Tous *les braves* GENS *sont aimés.*

parce que *brave* n'a qu'une forme pour le masculin et le féminin ; mais comme *bonnes*, de la phrase suivante a le masculin *bon, s*, on doit dire :

Toutes *les bonnes* GENS *sont aimés.*

COULEUR. — Ce mot présente cette particularité qu'il est masculin, si le substantif qui suit n'indique pas une matière colorante : *feu, cerise, paille*... n'étant pas des matières colorantes comme le *rouge*, le *vert*, le *bleu*... on dit :

Un beau COULEUR *de feu* ; **un éclatant** COULEUR *cerise.*

ŒUVRE. — Ce mot aussi est masculin, quand il s'agit de la collection complète des travaux d'un PEINTRE, d'un GRAVEUR, d'un CARICATURISTE, d'un MUSICIEN ; on dit : *cette gravure, cet opéra, sont de* **belles** ŒUVRES, mais on doit dire :

L'ŒUVRE (totalité des ouvrages) *de Gustave Doré est* **étonnant.**

L'ŒUVRE (l'ensemble des ouvrages) *de Rossini est* **merveilleux.**

ÉCRIVAIN, AUTEUR, PEINTRE..... — Certains noms de professions principalement exercées par des hommes, n'ont pas de féminin ; il en résulte qu'on s'en sert au masculin, bien qu'ils se rapportent à des noms de femmes ; on dit :

Mme *George Sand est un grand* **écrivain.**

Mme *Lebrun fut un excellent* **peintre.**

Substantifs à double genre.

(Suite à la page 75, première partie, et à la précédente.)

LES SUBSTANTIFS CI-DESSOUS SONT,

SAVOIR :

Masculins		Féminins
SIGNIFIANT :		SIGNIFIANT :
Être céleste.........	**Ange,**........	Poisson.
Arbre..............	**Aune,**........	Mesure.
Cheval	**Barbe,**.......	— du visage, etc.
Poète	**Barde,**.......	Bande de lard.
Ornement d'architecture	**Cartouche,**..	pour charger une arme.
Tissu..............	**Crêpe,**.......	Pâtisserie.
Officier............	**Enseigne ;**...	de boutique, drapeau.
Grand capitaine, — orateur	**Foudre,**......	Feu du ciel.
Bureau de greffier.....	**Greffe,**.......	opérat^{on} p^r unir les végétaux
Homme qui conduit, etc.	**Guide,**.......	pour guider les chevaux, etc.
Végétal............	**Héliotrope,**..	Minéral.
Pâte	**Jujube,**......	Fruit.
Vernis.............	**Laque,**.......	Couleur.
Quai, jetée.........	**Môle,**........	Masse de chair.
Instrument p^r mouler..	**Moule,**.......	Espèce de coquillage
Comparaison........	**Parallèle,**....	Ligne.
Métal	**Platine,**......	Pièce d'un fusil, etc,
Couleur	**Pourpre,**.....	Étoffe.
Paie, appointements...	**Solde,**........	Paiement final.
Celui qui en sonne....	**Trompette,**...	Instrument.
Médicament.........	**Vulnéraire,**..	Plante.

Substantifs dont le genre paraît douteux et Substantifs qui ne s'emploient qu'au pluriel.

—

Les Substantifs ci-après sont masculins et non féminins :

Un	Un	Un	Un
Air,	Anchois,	Astérisque,	Pétale,
Acte,	Alvéole,	Obélisque,	Ulcère,
Appel,	Amadou,	Armistice,	Amidon,
Éclair,	Épisode,	Appendice,	Habitacle,
Ambe,	Quaterne,	Évangile,	Amiante,
Quine,	Centime,	Légume,	Effluve,
Socque,	Ongle,	Obus,	Ouvrage.

Les Substantifs ci-après sont féminins et non masculins :

Une	Une	Une	Une
Alcôve,	Patère,	Écritoire,	Dinde.
Horloge,	Anagramme,	Losange,	Ocre,
Tombola,	Disparate,	Armoire,	Nacre,
Équerre,	Atmosphère,	Écumoire,	Paroi,
Vis,	Oasis,	Psyché.	Cuiller.

Les Substantifs ci-après sont toujours au pluriel :

Aucuns	Aucuns	Aucuns	Aucuns
Frais,	Dépens,	Matériaux,	Mânes,
Aïeux,	Décombres,	Auspices,	Vivres,
Pleurs,	Catacombes,	Arrérages,	Confins.

Aucunes	Aucunes	Aucunes	Aucunes
Mœurs,	Annales,	Entrailles,	Doléances,
Hardes,	Besicles,	Fiançailles,	Prémices,
Arrhes,	Obsèques,	Funérailles,	Immondices,
Matines,	Ténèbres,	Mouchettes,	Armoiries.

Règles pour déterminer le pluriel des Substantifs en AL et en AIL, et d'AIEUL et de CIEL.

	excepté :	dont les pluriels sont :
Les substantifs dont la finale du singulier est AL forment leur pluriel en changeant *al* en **AUX**.	bAL, carnavAL, régAL, cAL (durillon), nopAL (plante), chacAL (animal), servAL (id).	b**als**, carna**vals**, rég**als**, c**als**, nop**als**, chac**als**, serv**als**.

	excepté :	dont les pluriels sont :
Ceux qui finissent en AIL, se terminent par **AILS** au pluriel, un *gouvern**ail***, des *gouvern**ails***, etc	bAIL, corAIL, émail, soupirAIL, vantAIL, travAIL,	b**aux**, cor**aux**, ém**aux**, soupir**aux**, vant**aux**, trav**aux** (1).

(1) Cependant on dit au pluriel : des TRAVAILS, s'il s'agit des rapports d'un ministre à un chef d'état, d'un chef de bureau à un ministre, un administrateur, et aussi quand on veut désigner les machines au moyen desquelles on contient des animaux pour les férrer, les panser.

AIEUL a deux pluriels : **aïeuls** ou **aïeux**, savoir :

Aïeuls :	**Aïeux :**
Quand on peut remplacer par grands-pères : *mes deux* **aïeuls** (c'est-à-dire grands-pères) *sont morts*.	Quand il est l'équivalent d'ancêtres : *c'est le château de mes* **aïeux** (c'est-à-dire de mes ancêtres).

CIEL a deux pluriels : **Ciels** et **Cieux** ; savoir :

Ciels :	**Cieux :**
Pour signifier climats, pour désigner les dais de lits, ou les imitations du ciel par les arts : *de magnifiques* **ciels** *de lit; ce peintre fait bien les* **ciels**, *un des beaux* **ciels** *de l'Europe*.	Quand il s'agit de la voûte céleste ou du séjour des bienheureux : *l'azur des* **cieux** ; *je ne serai heureuse qu'aux* **cieux**.

Qualificatifs dont le sens est différent selon qu'ils sont avant ou après certains Substantifs.

(Insignifiant)...**Méchant**..*livre.*	*Livre*...**Méchant**....(mordant).
(Noble).......**Grand**.....*air.*	*Air*.....**Grand**.......(hautain).
(Ignoble).....**Mauvais**..*air.*	*Air*.....**Mauvais**. ..(méchant).
(Illustre)......**Grand**....*homme.*	*Homme* **Grand**......(haut de taille)
(Volumineuse)..**Grosse**....*femme.*	*Femme*.**Grosse** ......(enceinte).
(probe)......**Brave**....*homme.*	*Homme* **Brave**.......(courageux).
(Ennuyeux)....**Cruel** .....*homme.*	*Homme* **Cruel**.......(barbare).
(Loyal).......**Galant** .. *homme.*	*Homme* **Galant**......(prévenant).
(Probe) ....**Honnête** .*homme.*	*Homme* **Honnête** ...(poli).
(Unique).......**Seul**......*homme.*	*Homme* **Seul**.........(solitaire).
(Ridicule).......**Plaisant**.*homme.*	*Homme* **Plaisant** ....(amusant).
(Inepte)........**Pauvre**.. *homme.*	*Homme* **Pauvre**......(pas riche).
(Mal formée)....**Pauvre**.. *langue.*	*Langue*.**Pauvre**......(pas riche).
(Altier).........**Haut**......*ton.*.	*Ton*.....**Haut**.........(criard).
(Autre).........**Nouvel**...*habit.*	*Habit*...**Nouveau**....(neuf).
(Autre).........**Nouveau** *vin.*	*Vin*.....**Nouveau**....(récent).
(Dérobée).......**Fausse**..*porte.*	*Porte*...**Fausse**..... .(simulée).
(Basse) ....**Morte**....*eau.*	*Eau*.....**Morte**...... .(stagnante).
(Unanime)......**Commune** *voix.*	*Voix*....**Commune**...(vulgaire).
(Nul).. ....**Triste**...*individu*	*Individu* **Triste**.......(chagrin).

Faux jour : jour qui n'éclaire pas convenablement.

Jour **Faux** : jour mal placé dans un tableau.

Fausse corde : en désaccord avec d'autres.

Corde **Fausse** : foncièrement fausse.

Règles pour la diction du pluriel masculin des qualificatifs en AL.

Sur 300 qualificatifs qui se terminent en AL au singulier masculin, il y en a environ une vingtaine dont le pluriel masculin est en ALS ; tous les autres forment leur pluriel masculin en changeant *al* en AUX.

On dit par suite :

Un officier GÉNÉR**al**,............	*Des officiers* GÉNÉR**aux**.
Un chant NATION**al**,..........	*Des chants* NATION**aux**.
Un ministre LIBÉR**al**,..........	*Des ministres* LIBÉR**aux**.
Un homme DÉLOY**al**,..........	*Des hommes* DÉLOY**aux**.
Un produit COLONI**al**,.........	*Des produits* COLONI**aux**.
Un ordre SPÉCI**al**,..........	*Des ordres* SPÉCI**aux**.
Un examen OR**al**,.........	*Des examens* OR**aux**.

Voici la plupart de ceux dont le pluriel masculin est en ALS, ou sur la terminaison desquels les avis sont partagés :

Des conseils AMIC**als**,	*Des codes* PÉN**als**,
Des enfants BANC**als**,	*Des propos* BAN**als**,
Des instants FAT**als**,	*Des ouvriers* MATIN**als**,
Des devoirs MARIT**als**,	*Des airs* FIN**als**,
Des pays NAT**als**,	*Des cierges* PASC**als**,
Des sons NAS**als**,	*Des sentiments* FILI**als**,
Des combats NAV**als**,	*Des sons* INITI**als**,
Des repas FRUG**als**,	*Des sons* LABI**als**,
Des habits DOCTOR**als**,	*Des sons* MÉDI**als**,
Des gestes THÉATR**als**,	*Des vents* GLACI**als**,...

Règles pour l'emploi de certains mots représentant les noms.

Les mots JE, TU, IL, ELLE, NOUS, VOUS, ILS, ELLES, se mettent avant le verbe quand il n'y a pas interrogation, comme dans : ELLE *est contente*; cependant après **à peine, aussi, encore, au moins, du moins, peut-être , toujours, vainement, en vain,** il est plus élégant de mettre JE, TU, IL, etc., après le verbe :

Il ne travaille pas; PEUT-ÊTRE *est-il* (et non : il est) *malade.*

Après le temps du commandement, — l'impératif — **le, la, les,** doivent toujours être placés avant TOI, MOI, LUI, NOUS, VOUS, LEUR ; il faut dire :

Si vous avez une hache, prêtez-la MOI (et non : moi la), *etc.*

Les mots : JE, TU, IL, ELLE, NOUS, VOUS, ILS, ELLES, se répètent généralement avant les verbes ; cependant on peut les supprimer quand la liaison de deux verbes est formée au moyen de ET, OU, NI ; on dit : je *lime* ET je *soude,* je *ne lime* NI je *ne soude,* je *lime* OU je *soude;* et on dit aussi :

Je *lime* ET *soude,* **je** *lime* OU *soude, etc.*

Mais les mots : ME, TE, SE, LE, LA, LES, se répètent toujours avant le verbe, ainsi que NOUS et VOUS, quand ils répondent à la question QUI :

Je **me** *promène et je* **m**'*amuse, etc.; elle* **nous** *voit, et elle* **nous** *fait signe.*

A moins que le verbe ne soit à un temps composé : on peut dire :

Nous **l'**AVONS LIMÉ *et* FONDU.

Pourvu toutefois que LE, LA, LES, NOUS, VOUS, ne répondent pas à la question *qui* ou *quoi* pour un verbe, et à la question *à qui* ou *à quoi, pour qui*, etc., pour l'autre verbe ; car, dans ce cas, la répétition du mot est rigoureusement nécessaire : comme, dans la phrase ci-après, le premier NOUS répond à la question *qui* pour le verbe *aborder*, et le second, *à qui* pour le verbe *parler*, il faut dire, en répétant NOUS :

Le chef **nous** *a* ABORDÉS, *et* **nous** *a* PARLÉ.
(a abordé nous.)   (a parlé à nous.)

SOI se rapportant aux personnes ne s'emploie que quand elles sont désignées par un de ces termes vagues : ON, CHACUN, NUL, QUICONQUE, PAS UN, PERSONNE.

CHACUN *ne voudrait de l'avancement que pour* **soi.**

A moins qu'on ne veuille éviter une équivoque : dans cette phrase : *le maître disait que l'ouvrier travaillait pour* **lui** ; on ne sait si l'ouvrier travaillait pour le maître ou pour son propre compte ; pour exprimer clairement ce dernier cas, il faut dire :

*Le maître disait que l'*OUVRIER *travaillait pour* **soi.**

Quand il s'agit de choses, il convient de remplacer LUI ou LEUR par le mot EN : au lieu de dire : *cette barre de fer est trop longue : coupez* **lui** *un morceau*, il faut dire :

Cette barre de fer est trop longue : coupez **en** *un morceau.*

3.

On doit employer LA avant le verbe *être*, si le nom de la personne ou de la chose que ce mot représente est précédé de *la, ma, ta, sa, notre, votre, leur, cette* :

Êtes-vous **la** CANTINIÈRE *du régiment? Je* **la** *suis.*

Mais s'il n'y a avant ce nom de personne ou de chose aucun de ces mots, il faut employer LE au lieu de LA :

Êtes-vous CANTINIÈRE? *Je* **le** *suis.*

Si avant le nom de personnes ou de choses, il y a *les, mes, tes, ses, nos, vos, leurs*, on emploie LES avant le verbe être :

Êtes-vous **les** CANTINIÈRES ? *Nous* **les** *sommes.*

Mais il faut encore n'employer que LE, si aucun de ces mots n'est exprimé avant le nom des personnes ou des choses :

Êtes-vous CANTINIÈRES ? *Nous* **le** *sommes.*

On n'emploie pas non plus LA avant un autre verbe que le verbe *être*, si le mot que LA représente ne se trouve point précédé de *la, ma, ta, sa, notre, votre, leur, cette ;* on ne doit pas dire : *le Directeur lui rend justice, et il me* **la** *refuse ;* car LA représente JUSTICE qui n'est précédé d'aucun des mots indiqués : il faut modifier la phrase. Celle qu'on vient de donner pourrait, par exemple, être modifiée ainsi :

Le Directeur lui rend justice, et il n'agit pas de même à mon égard.

-Quand un mot ne doit représenter que l'une de deux personnes ou de deux choses qui viennent d'être désignées, il ne faut pas qu'il semble s'appliquer aussi bien à l'une qu'à l'autre. Si vous dites, par exemple : *Ce contre-maître imite le maître dans ce qu'il fait de bien*, le mot IL paraît représenter le contre-maître aussi bien que le maître. Vous ne parlez pas clairement. Pour vous exprimer avec clarté, dites, selon le sens :

Le contre-maître imite le maître dans ce que **celui-ci** *fait de bien.*

Ou :

Quand le contre-maître fait bien, **il** *imite le maître.*

Excepté dans les interrogations, on n'a pas à la fois un substantif et les mots *il, elle, ils* ou *elles*, pour représenter la personne ou la chose faisant l'action marquée par un verbe. On dit, il est vrai : *l'*OUVRIER *travaille-t-*IL? parce qu'il y a interrogation ; mais il serait incorrect de dire : *l'*OUVRIER *ayant de l'ouvrage,* IL *travaille*; IL est ici tout-à-fait superflu : on devrait s'exprimer ainsi :

*L'*OUVRIER, *ayant de l'ouvrage,* TRAVAILLE.

Par suite on ne doit pas dire non plus : *c'est* LUI *qu'*IL *vient*; *c'est* ELLE *qu'*ELLE *s'en va* ; on dit :

C'est **lui qui** *vient* ; *c'est* **elle qui** *s'en va.*

Le mot SE ne peut jamais s'employer après *moi qui, toi qui*. Après *moi qui*, on emploie SE ; après *toi qui* TE ; et au lieu de dire : *c'est* **moi** *qui* SE *propose, c'est* **toi** *qui* SE *proposes*, on dit :

C'est MOI QUI **me** *propose.*

C'est TOI QUI **te** *proposes.*

Emploi de lui, leur, le, les.

Dans certaines phrases, on emploie ordinairement LUI, LEUR, où il faudrait LE, LES. Par exemple si l'on a vu : — un ouvrier faisant la livraison d'un travail, on dit : *l'ouvrage que je* **lui** *ai vu livrer à ce monsieur* ; — des matelots manœuvrant : *les manœuvres que je* **leur** *ai vus faire* ; — des soldats s'exerçant au tir : *les coups de fusil que je* **leur** *ai entendus tirer.* L'emploi de LUI, LEUR dans ces phrases est vicieux : *au lieu de* LUI, *il faut employer* **le** ; *au lieu de* LEUR, *il faut employer* **les**, *toutes les fois qu'on veut représenter les personnes qui font une action.* Il est clair que, dans les phrases données, LUI représente l'ouvrier qui livrait, LEUR, les matelots qui manœuvraient, les soldats qui tiraient.... C'était **le**, **les** qu'il fallait employer, et non LUI, LEUR ; on doit dire :

> *Les travaux que je* **l**'*ai vu livrer à ce monsieur.*
> *Les manœuvres que je* **les** *ai vus faire.*
> *Les coups de fusil que je* **les** *ai entendus tirer.*

Mais au lieu de LE c'est **lui**, au lieu de LES c'est **leur** qu'il faut employer, quand on veut représenter non pas les individus qui font l'action, mais ceux pour qui elle est faite, contre qui elle est dirigée ; on dira donc :

> *L'ouvrage que je* **lui** *ai vu livrer par l'ouvrier.*
> *Les manœuvres que je* **leur** *ai entendu ordonner par le capitaine.*
> *Les coups de fusil que je* **leur** *entends tirer par les zouaves.*

Attendu que par LUI, LEUR, on ne veut pas représenter les individus qui ont *livré, ordonné, tiré* ; mais *celui à qui on a livré, ceux à qui on a ordonné, sur qui on a tiré.*

Règles pour l'emploi d'autres mots remplaçant les substantifs.

Quand on a parlé de deux personnes, de deux objets, pour ne pas en répéter les noms, on emploie les mots *celui-ci, celui-là, celle-ci,* etc... CELUI-CI, CELLE-CI, etc., doivent toujours se rapporter au dernier substantif, et CELUI-LA, CELLE-LA, etc., doivent se rapporter au premier ; au lieu d'écrire : *Vous recevrez une* TARIÈRE *et un* MAILLET : **celui-là** *est pour Bernard, et* **celle-ci** *pour Jacques,* il faut écrire :

Vous recevrez une TARIÈRE *et un* MAILLET : **celui-ci** *est pour Bernard, et* **celle-là** *pour Jacques.*

Après les mots qui remplacent les noms, il est mieux de ne pas employer immédiatement un qualificatif ou un participe ; au lieu de dire par exemple, en parlant de planches : **celles** RABOTÉES *sont là,* il faut dire :

Celles QUI *sont* RABOTÉES *sont là.*

Pour employer un mot qui remplace un nom, il faut que réellement ce nom soit exprimé : il ne suffit pas qu'il soit dans la pensée de celui qui parle ou écrit : c'est pour cela qu'on fait une faute en disant à la première ligne d'une lettre : *Monsieur, je réponds à* **la vôtre** *du...* on dirait bien : *Vous avez répondu à ma lettre ; je réponds à la vôtre,* parce qu'on trouve dans la phrase le nom représenté par LA VÔTRE ; mais quand, comme dans la phrase précédente, il n'y a pas de nom exprimé précédemment, il faut se corriger et dire :

Je réponds à votre lettre du.....

Règles pour l'emploi de CE, correspondant à CE QUE, CE QUI.

Lorsqu'une phrase commence par *ce que, ce qui,* on trouve souvent une partie de la phrase correspondant à ces mots et commençant par le verbe **être** : dans ces cas, il est obligatoire de faire précéder ce verbe *être* de CE, s'il est au pluriel. Il est impossible de dire : **ce que** *je travaille, sont les métaux;* il faut dire :

Ce que *je travaille,* **CE** SONT *les métaux.*

Si le verbe être de la partie de phrase correspondante est suivi d'un verbe, il faut employer **ce** :

Ce qui *me charme,* **C'**EST *qu'il est bon ouvrier.*

Il convient encore d'employer le mot **ce** avant le verbe être de la partie de phrase correspondante, quand le dernier mot de cette partie de phrase pourrait devenir le premier de la phrase complète : avec la phrase suivante, on pourrait faire celle-ci qui est correcte : *le travail est ce qu'il y a de mieux;* si l'on adopte une forme dans le genre indiqué ci-dessus, on évitera toute équivoque en disant :

Ce *qu'il y a de mieux,* **C'**EST *le travail.*

Règles pour l'emploi de QUI et DONT.

Le mot **qui** ne doit se trouver précédé de *à, pour, dans, vers, sur, sous...* que lorsqu'on parle des personnes ; on dit :

*L'OUVRIER à **qui** j'ai donné mes instructions.*

Mais on ne pourrait pas dire : *l'outil à **qui** j'ai donné un coup de lime :* comme c'est une chose inanimée, il faut dire, en remplaçant par **auquel, à laquelle,** etc., etc. :

*L'OUTIL **auquel** j'ai donné un coup de lime.*

Les animaux sont ici assimilés aux choses ; au lieu de dire : *le cheval* **sur** QUI *le général était monté,* on dit :

*Le CHEVAL sur **lequel** le général était monté.*

Mais si l'on suppose à une chose ou à un animal une sorte de sentiment, si on agit à leur égard comme envers des personnes, on peut dire *à* **qui,** *pour* **qui,** *dans* **qui,** *vers* **qui....**

*Le glorieux DRAPEAU à **qui** je fais mes adieux.*
*Le pauvre CHIEN à **qui** je dis mes peines.*

DONT signifie DE QUI, DUQUEL, etc., et se dit des personnes et des choses :

*Le CAPITAINE... la REVUE **dont** vous parlez.*

Cependant on ne l'emploie pas quand on veut exprimer la sortie, la provenance d'un endroit ; on doit le remplacer par d'où : il ne faut pas dire : *le poste* **dont** *je sors,* mais :

*Le POSTE **d'où** je sors ; l'ATELIER **d'où** je viens.*

On dit, parce qu'il n'est pas question d'un endroit :

*La FAMILLE, la RACE, le RÉGIMENT **dont** il sort.*

Règles pour l'emploi des articles
LE, LA, LES.

Avant PLUS, MIEUX, MOINS, on a toujours une tendance à employer **la, les**, où il ne faut que **le**.

Il faut toujours **le** avant PLUS, MIEUX, MOINS, quand on peut changer avec PLUS, par : *extrêmement* ; avec MIEUX, par *extrêmement bien* ; avec MOINS, par : *extrêmement peu ;* on doit donc dire :

Cette tôle résiste même quand elle est { **LE** (et non : **la**) PLUS *travaillée.* (c'est-à-dire : extrêmement travaillée.)

Cette tôle ne résiste pas même quand elle est { **LE** (et non : **la**) MIEUX *travaillée.* (c'est-à-dire : extrêmement bien travaillée.)

Ces tôles ne résistent pas même quand elles sont { **LE** (et non : **les**) MOINS *travaillées.* (c'est-à-dire : extrêmement peu travaillées.)

On n'emploie jamais **la, les**, avant PLUS, MIEUX, MOINS, quand ils sont exprimés seuls ; on dit :

Cette matière se détériorera **LE** PLUS... (et non : *la plus.*)

Cette matière se travaillera **LE** MIEUX.. (et non : *la mieux.*)

Ces matières se travailleront **LE** MOINS.. (et non : *les moins.*)

Ces cas exceptés , on emploie **le, la, les**, avant PLUS, MIEUX, MOINS, selon le genre :

De ces fontes, celle-ci est **LA** PLUS *fusible.*
(c'est-à-dire : plus fusible que les autres, et non : extrêmement fusible.)

De ces métaux, ceux-ci sont **LES** MOINS *malléables.*
(c'est-à-dire : moins malléables que les autres, et non : extrêmement peu malléables.)

Mon, ton, son, ma, ta, sa, etc., doivent se remplacer par **le, la, les**, quand le possesseur serait indiqué surabondamment, ce qui a lieu surtout à propos des parties du corps ; dites :

Cet ajusteur a perdu **LA** (et non : *sa*) VUE.

Ce journalier s'est écrasé **LES** (et non : *ses*) PIEDS.

Quand deux qualités sont incompatibles dans un même individu ou dans une même chose, il faut répéter **le, la** ou **les**, avant chaque mot exprimant cette qualité ; comme un ouvrier ne peut pas être à la fois *fainéant* et *laborieux*, dites :

LE FAINÉANT *et* **LE** LABORIEUX *ouvrier.*
(et non : *le* fainéant et laborieux ouvrier.)

Mais quand on ne veut pas parler de deux personnes, et qu'alors les qualités sont compatibles, on ne doit pas répéter **le, la** ou **les** ; il faut dire :

LE JEUNE *et* LABORIEUX *ouvrier sera récompensé.*

Au lieu de l'*un* l'*autre*, il faut employer **les** UNS **les** AUTRES, quand il s'agit d'un nombre d'objets ou d'individus plus élevé que trois ; dites par suite :

QUARANTE WAGONS *se choquaient* **LES** UNS **LES** AUTRES.

Quand LES ne se trouve pas entre TOUS et un-*nombre*, c'est qu'on veut faire entendre que les personnes ou les choses dont il s'agit font ensemble une même action ; on dit bien :

Ils virent TOUS DEUX *au cabestan, en ce moment.*

Mais si les personnes ne doivent pas agir ensemble, il faut dire : TOUS **les** DEUX, TOUS **les** TROIS, TOUS **les** QUATRE...

TOUS **LES** QUATRE *virent alternativement au cabestan.*

Règles pour l'emploi de DU, DE LA, DES, DE.

Avant un qualificatif suivi d'un substantif, au lieu de DU, DE LA, DES, il ne faut employer que DE ; dites :

J'ai **DE** (et non : du) BON CUIVRE.
J'ai **DE** (et non : de la) BONNE FONTE.
J'ai **DE** (et non : des) BONS ACIERS.

A moins qu'on ne puisse tourner par **de ce**, pour DU ; par **de cette**, pour DE LA ; par **de ces**, pour DES, comme dans :

J'ai **DU** (c'est-à-dire : de ce) BON CUIVRE *qu'il préfère*.
J'ai **DE LA** (c'est-à-dire : de cette) BONNE FONTE *dont il parle*.
J'ai **DES** (c'est-à dire : de ces) BONS ACIERS *qu'il aime*.

On emploie encore DU, DE LA, DES, avant un qualificatif suivi d'un substantif, quand ces deux mots ont pour ainsi dire été soudés par l'usage de manière à n'en former qu'un seul, comme dans :

J'ai **DES** (et non : de) BAS-RELIEFS.
Il y a **DES** (et non : de) GRANDS HOMMES.

Au lieu de DU, DE LA, DES, il faut employer simplement **de**, quand on veut exprimer le *manque* des personnes ou des choses dont il s'agit :

Il n'y a pas **DE** (et non : du) BOIS.
Je n'ai pas **DE** (et non : de la) FONTE.
On manque **DE** (et non : des) CHARPENTIERS.

A moins qu'on ne puisse remplacer **du** par *de ce* ; **de la**, par *de cette* ; **des**, par *de ces*, comme dans :

Je n'ai pas **DU** (c'est-à-dire : *de ce*) FER *dont il parle.*

Je manque **DE LA** (c'est-à-dire : *de cette*) FONTE *en question.*

Je n'ai pas **DES** (c'est-à-dire : *de ces*) CLOUS *qu'il indique.*

Pour qu'on puisse remplacer DU, DE LA, DES, par DE, il faut qu'il y ait réellement *absence, manque, privation* des personnes ou des choses dont il est question. Il est bon d'être attentif, parce qu'il y a des phrases qui, au premier aspect, paraissent exprimer l'absence, la pénurie, etc.. tandis qu'il en est autrement. On doit dire conséquemment :

Je n'ai pas **DU** FIL. *pour que vous le coupiez,*

Il ne peut pas travailler sans faire **DES** BÉVUES,

Il n'a **DES** OUTILS *que pour son service ;*

car il est clair qu'il n'y a ni *manque* de fil, ni *absence* de bévues, ni *privation* d'outils ; mais il faut dire avec DE :

Je n'ai pas **DE** FIL *qui vous convienne.*

Il travaille sans faire **DE** BÉVUES.

Il n'a **D**'OUTILS *qu'une lime et un poinçon,*

parce qu'il est évident qu'il y a *manque* de l'espèce de fil, *absence* de bévues, et une certaine *pénurie* d'outils.

Règles pour l'emploi de MON, TON, SON, MA, TA, SA, &c.

CHACUN est suivi de **son, sa, ses** ou de **leur, leurs**.

Quand chacun n'est pas rigoureusement nécessaire à la phrase, on emploie **leur, leurs** ; ainsi on doit dire : *ils travaillent* (chacun) *selon* **leur** *capacité* ; si, pour mieux préciser, on emploie dans cette phrase le mot CHACUN, on le met entre deux virgules, sans changer LEUR par SA, et l'on dit :

Ils travaillent, CHACUN, *selon* ***leur*** *capacité.*

Mais si l'on disait simplement : *mettez ces livres à* **leur** *place,* on ferait penser que tous les livres n'ont qu'une place unique ; si chaque livre a une place particulière, l'emploi de CHACUN est de rigueur, et alors il doit être suivi de **son, sa, ses** ; il faut dire dans ce dernier sens :

Mettez ces livres CHACUN *à* ***sa*** *place.*

Quand il s'agit d'une partie du corps, on emploie LE, LA, LES, AU, A LA, AUX, au lieu de **mon, ton, son,** etc. ; mais si c'est une partie du corps ordinairement malade, on peut employer **mon, ma,** etc. Un soldat qui reçut à la jambe une blessure dont il se ressent parfois, peut dire :

Le temps changera : j'ai mal à ***ma*** *jambe.*

On dit fréquemment : *ne me donnez pas cette hache ;* **son** *manche est cassé,* etc. Pour les grammairiens, cette manière de dire est vicieuse ; comme cette phrase a deux membres, et que le nom de l'outil dont le manche fait partie se trouve dans le 1er membre, il faut pour être correct remplacer SON (ou SA, ou SES, selon le cas), par **le... en, la... en, les.. en,** et dire :

Ne me donnez pas cette hache ; LE *manche* ***en*** *est cassé.*

Règles pour l'emploi des mots ET, NI.

Ces mots sont appelés *conjonctions*, mot formé de *conjoindre* (joindre avec), parce que leur rôle est de joindre les parties de phrase.

Le mot ET ne s'emploie pas avant MOINS, PLUS, MIEUX, quand l'un de ces mots est la répétition de lui-même précédemment exprimé, — il ne faut pas dire : *moins, plus, mieux, il travaille,* ET *moins, plus... mieux... il veut travailler,* on doit dire, en supprimant ET :

MOINS *il travaille,* MOINS *il veut travailler.*

PLUS *il travaille,* PLUS *il veut travailler.*

MIEUX *il travaille,* MIEUX *il veut travailler.*

On supprimerait également ET si PLUS était opposé à MOINS, MOINS à PLUS, MIEUX à PLUS ou à MOINS :

Moins *il travaille,* **plus** *il veut travailler,* &c.

Après NE PAS, NE POINT, au lieu de ET, il faut employer NI, *je n'ai pas d'argent* ET *de linge* est incorrect ; il faut dire :

Je n'ai **pas** (*ou* **point**) *d'argent* **ni** *de linge.*

Dans des cas semblables, on pourrait changer PAS ou POINT par NI, et dire, ce qui est plus harmonieux : —

Je n'ai **ni** *argent* **ni** *linge.*

Entre SANS répété, on emploie ET :

Cet ouvrier est **sans** *habileté* **et** *sans énergie.*

Mais si l'on ne répète pas SANS, il faut NI, au lieu de ET ; ne dites pas : *cet ouvrier est* SANS *habileté* **et** *énergie,* dites :

Cet ouvrier est **sans** *habileté* **ni** *énergie.*

Ce n'est pas une faute, dans certains cas, de répéter la conjonction ET, ou elle ne serait pas absolument nécessaire : c'est alors un agrément de langage ; on peut dire :

Je travaillerai **et** *dimanche* **et** *lundi.*

Ou simplement :

Je travaillerai dimanche **et** *lundi.*

On ne doit jamais employer ET entre deux mots qui signifient la même chose : comme dans la phrase suivante EXACT, ASSIDU ont la même signification, au lieu de dire : *exact* ET *assidu,* on doit dire :

C'est un employé EXACT, ASSIDU.

On ne doit pas non plus employer ET entre deux mots, quand l'importance du premier est effacée par celle du second : on doit penser que l'homme qui donnerait sa vie, donnerait plus volontiers sa fortune ; c'est pourquoi au lieu de dire : *je vous donnerais ma* **fortune** ET *ma* **vie,** on dit sans ET :

Je vous donnerais ma FORTUNE, *ma* VIE.

Emploi du mot NE. — La page 72 de la 1re Partie donne toutes les règles relatives à l'emploi de ce mot.

Règles pour l'emploi des Prépositions.

—

à, avec, contre, dans, de, en, par, entre, pour, sans, sous, sur,
vers, voici, voilà.

———

Les mots ci-dessus, qu'on nomme PRÉPOSITIONS, sont généralement employés après les qualificatifs, les participes, les verbes ; mais parmi les qualificatifs, les participes, les verbes, il y en a qui veulent être suivis, celui-ci d'une préposition, celui-là d'une autre. Il en résulte que, pour qu'une phrase soit correcte, — si elle contient plusieurs qualificatifs ou plusieurs participes, ou plusieurs verbes, — il faut que chacun ait la préposition qui lui convient exprimée ou représentée. Si je dis, par exemple : *ce militaire est* UTILE *et* ESTIMÉ **de** *son brigadier,* je parle mal, attendu qu'*utile* veut être suivi de la préposition **à**, tandis qu'*estimé* veut l'être de la préposition **de** ; or, ESTIMÉ seul à la préposition qui lui convient : donc la phrase est incorrecte : pour la corriger, je dois dire :

Ce militaire est **utile** *à son brigadier, et il* **en** *est* **estimé.**

De cette façon UTILE est suivi de la préposition **à**, et ESTIMÉ trouve dans le mot **en** sa préposition **de**. (Il en est estimé, équivalant à : il est estimé **de** lui.)

Mais il suffit d'exprimer une seule préposition, quand elle convient à tous les qualificatifs, à tous les participes et à tous les verbes qui sont dans la phrase : DE convenant à *aimé* et à *estimé*, il est correct de dire :

Ce militaire est **aimé** *et* **estimé** *de son brigadier.*

Si un mot exige une préposition et que l'autre n'en veuille point, c'est une faute de n'exprimer aucune préposition. On ne doit pas dire : *le maître préside et règle l'emploi des matières ;* préside voulant après lui la préposition **à**, il faut dire :

*Le maître préside **à** l'emploi des matières et le règle.*

A QUI, à QUOI, **en** QUI, **en** QUOI, **pour** QUI, **pour** QUOI, etc., doivent se remplacer par QUE, quand ils sont précédés d'un mot qui est lui-même précédé de la préposition qui est avant QUI ou QUOI ; ne dites pas : c'est à l'Ingénieur **à** QUI je parle ; c'est en cela **en** QUOI j'excelle, etc., dites :

*C'est **à** l'Ingénieur QUE je parle, etc.*

Il serait très incorrect de supprimer la préposition qui doit suivre un verbe ; il ne faut pas dire par exemple : *Ils se sont nui l'un l'autre,* attendu qu'on ne *nuit pas quelqu'un,* mais **à** *quel-qu'un ;* il faut dire :

*Ils se sont nui l'un **à** l'autre.*

C'est une faute entre PLUS, MOINS et un *nombre,* ou un *mot exprimant une quantité,* d'employer QUE ; c'est de qu'il faut employer : on ne doit donc pas dire : *mon travail est plus* **qu'à** *moitié fait.* Il faut dire :

*Mon travail est PLUS **d'à** moitié fait.*

VOICI s'emploie avant les choses indiquées :

*Ce que j'aime, le **voici** : le* TRAVAIL *et la* LIBERTÉ.

VOILA s'emploie après les choses indiquées :

Le TRAVAIL *et la* LIBERTÉ *: **voilà** ce que j'aime.*

Sens différents de certaines expressions suivies de prépositions différentes.

C'est à moi à... *jouer*, etc., signifie c'est à mon tour A...
    C'EST À MOI *à jouer*.
C'est à moi DE... *jouer*, etc., c'est mon intérêt, mon devoir...
    C'EST À MOI *de jouer bien*.

Tomber à... *terre*, se dit de ce qui est suspendu.
    Une énorme poulie TOMBA *à* TERRE.
Tomber PAR... *terre*, se dit de ce qui s'appuie sur le sol.
    Cet accore menace de TOMBER *par* TERRE.

Commencer à... *limer*, etc., se mettre à apprendre à limer.
    Il COMMENÇA *à limer à l'âge de neuf ans*.
Commencer DE... *limer*, etc., limer d'un moment à un autre.
    Il COMMENÇA *de limer à 9 heures, et il finit à 10*.

Succomber à... *la tentation*, ne pas résister A...
    Il SUCCOMBA *à la tentation, et prit la bourse*.
Succomber SOUS... *un fardeau..*, ne pas se tenir droit sous...
    Le porte-faix SUCCOMBA *sous ce fardeau énorme*.

Participer à... *l'avancement*, etc... prendre part A...
    Les journaliers PARTICIPERONT *à l'avancement*.
Participer D'... *un système*, etc... être de la nature DE...
    Mon système d'arrimage PARTICIPE *du vôtre*.

Servir à... *rien*... être inutile pour le moment.
    Il ne SERT *à* RIEN *de combattre maintenant*.
Servir DE... *rien*, être inutile en tout temps.
    Il ne SERT *de* RIEN *de blasphêmer le nom du Christ*.

4.

Se ranger à... *un avis,* etc., avoir une opinion semblable à l'opinion de quelqu'un.

> *Je* ME RANGE *à l'avis du président du conseil.*

Se ranger DU... côté... se mettre du parti DE...

> *Je* ME RANGE *du côté des plus faibles*

Induire à... *erreur,* plonger involontairement ou volontairement dans l'erreur.

> *A-t-il voulu, ou n'a-t-il pas voulu m'induire à* ERREUR?

Induire EN... *erreur,* plonger volontairement dans l'erreur.

> *Ce fripon m'a* INDUIT *en* ERREUR.

Déjeûner, dîner AVEC... *quelqu'un,* se dit pour les personnes.

> *J'ai* DÉJEÛNÉ *avec les* MAÎTRES *du bord.*

Déjeûner, dîner DE... *poissons, légumes,* se dit pour ce qu'on mange.

> *Nous* DÉJEÛNÂMES *de* CÔTELETTES *et de* POISSON.

S'occuper à... *son jardin,* etc., amuser son esprit en l'occupant à...

> *Il* S'OCCUPE *à tourner, à cultiver des fleurs.*

S'occuper DE... *science,* etc., remplir son esprit de l'occupation DE...

> *Il* S'OCCUPE *de l'algèbre en ce moment.*

Être à... *la campagne :* se trouver à la campagne venant de la ville.

> *L'amiral* EST *aujourd'hui à la* CAMPAGNE.

Être EN... *campagne :* se trouver en expédition pour faire la guerre, en tournée pour des affaires, etc.

> *Mon notaire* EST *en* CAMPAGNE *pour mon procès.*
> *Le 4me corps d'armée* EST *en* CAMPAGNE.

Retrancher *quelque chose* **à**... *quelqu'un*, supprimer ce qui devait être donné à...

> *J'ai* RETRANCHÉ *la ration* **à** *vingt matelots.*

Retrancher DE... supprimer ce qui faisait partie DE...

> *On a* RETRANCHÉ *le 101*me **de** *l'armée.*

Emprunter à... c'est recevoir après avoir demandé.

> *J'ai* EMPRUNTÉ *cent francs* **au** *sergent-major.*

Emprunter DE... c'est recevoir sans idée de demande.

> *Un maître* EMPRUNTE *son autorité* **du** *commandant.*

Être, dîner, etc., **à**... la *ville* : dîner, se trouver à la ville venant de la campagne.

> *Le curé du village* DÎNE **à** *la ville.*

Être, dîner EN... *ville* : se trouver dans un endroit de la ville autre que sa demeure.

> *L'amiral* DÎNE **en** *ville.*

Être D'*humeur* **à** : être ordinairement disposé à...

> *Un matelot* EST *toujours* **d'**HUMEUR **à** *rire.*

Être EN *humeur* **DE** : être pour le moment en disposition de...

> *Ce vieux grognard* EST **en** HUMEUR **de** *rire aujourd'hui.*

Parler D'*abondance* : parler éloquemment sans préparation.

> *Pour être grand orateur, il faut pouvoir* PARLER **d'**ABONDANCE.

Parler AVEC *abondance* : parler beaucoup sur tout.

> *Il y a peu de femmes qui ne puissent* PARLER **avec** *abondance.*

Sens différents de certains verbes selon qu'ils sont suivis ou non d'une préposition.

Atteindre à... suppose quelque effort à faire.
> *J'*ATTEINDRAI *à ce casier, à la perfection...*

Atteindre (sans à)... ne suppose aucun effort.
> *J'*ATTEINDRAI *une vieillesse avancée.*

Insulter à... signifie manquer d'égards, de respect.
> *Vous* INSULTEZ *à la misère de l'armée.*

Insulter (sans à) : signifie dire des paroles injurieuses.
> *Vous* INSULTEZ *tout l'atelier en parlant ainsi.*

Pardonner à... s'emploie avant les noms de personnes.
> PARDONNEZ *à l'apprenti pour cette fois.*

Pardonner (sans à)... s'emploie avant les noms de choses.
> *Il faut* PARDONNER *ces fautes légères.*

Réunir à... s'emploie s'il s'agit de choses matérielles.
> *On doit* RÉUNIR *le dépôt à l'atelier.*

Réunir (sans à) s'emploie s'il s'agit de choses spirituelles.
> *Cet officier* RÉUNIT *le savoir et le courage.*

Suppléer à... c'est remplacer une chose par une autre d'espèce différente.
> *Il faut* SUPPLÉER *à la force par l'énergie.*

Suppléer (sans à)... c'est remplacer une chose par une de même espèce, ou une personne par une autre.
> *S'il manque vingt francs, je les* SUPPLÉERAI.
> *Le second fut obligé de* SUPPLÉER *le capitaine.*

Décider DE... signifie disposer de.

Un chef DÉCIDE *souvent* DE *l'avenir d'un inférieur.*

Décider (sans de) signifie résoudre, déterminer.

Il convient de DÉCIDER *la question.*

Désirer DE..., s'emploie quand on n'a pas le choix.

Chaque soldat DÉSIRE D'*être officier.*

Désirer (sans de), si l'on a le choix.

Ce volontaire DÉSIRE *être dans la ligne.*

EN imposer : signifie faire naître de fausses idées.

Ce coquin veut EN IMPOSER *à tout le monde.*

Imposer (sans en) signifie inspirer des sentiments de respect, de vénération.

Ce vieux général IMPOSE *par son air martial.*

Ne faire que DE... *sortir,* etc., faire à l'instant l'action de... sortir... etc.

Le colonel NE FAIT QUE DE *sortir de la caserne.*

Ne faire que... *sortir,* etc., faire à tout instant l'action de...

Le colonel aujourd'hui NE FAIT QU'*entrer et sortir*

Penser à... *faire fortune...* songer à faire fortune.

Il est temps de PENSER À *faire fortune.*

Penser (sans à) *faire fortune...* espérer faire fortune.

Il PENSE *faire fortune dans les Indes.*

Sens différents d'expressions presque semblables.

Ce qui plaît : ce qui fait plaisir.
> *Vous ne faites que* **ce qui plaît** *au maître.*

Ce qu'il plaît : ce qu'il a la volonté de faire,...
> *Cet homme altier ne fait que* **ce qu'il** *lui* **plaît**.

Tout-à-coup : soudainement, en un instant, sur le champ
> **Tout-à-coup,** *je vis entrer le général.*

Tout d'un coup : tout en une fois.
> **Tout d'un coup** *je perdis mille francs.*

De suite : signifie à la suite les uns... les unes—des autres.
> *Nous fîmes trois étapes* **de suite.**

Tout de suite : immédiatement, sans retard.
> *Nous finies la tranchée* **tout de suite**.

Auprès de : signifie mis en comparaison sous le rapport de la beauté, de la dimension.
> *Le cheval du dragon est petit* **auprès du** *vôtre.*

Au prix de : mis en comparaison sous le rapport du prix.
> *Ce cheval est cher* **au prix du** *mien.*

Faire eau : se dit d'un navire qui a une voie d'eau.
> *Notre frégate* **faisait eau** *à l'avant.*

Faire de l'eau : se dit d'un navire qui s'approvisionne d'eau.
> *Notre frégate* **fît de l'eau** *dans l'île.*

Entendre raillerie : c'est supporter la raillerie avec esprit.
> *Il ne se fâche point : il* **entend** *bien* **raillerie.**

Entendre la raillerie : c'est railler avec esprit.
> *Il* **entend** *bien* **la raillerie** : *j'aime à l'écouter.*

Avoir l'air intelligent, en parlant d'une femme, signifie avoir le *visage intelligent.*

Cette femme a l'air très **intelligent.**

Avoir l'air intelligente, en parlant d'une femme, signifie sembler avoir une *nature intelligente.*

Cette demoiselle a l'air bien **intelligente.**

Un *à* dix : c'est-à-dire un nombre à partir de UN jusqu'à DIX. *Apportez des clous de un* ***à*** *dix centimètres.*

Un *ou* dix, etc., c'est-à-dire le nombre UN ou le nombre DIX. *Apportez un clou de* **un *ou* dix** *centimètres.*

Homme de sens : homme de beaucoup d'intelligence et d'un jugement très-exact.

Ce ministre est **homme de sens.**

Homme de bon sens : homme ayant une certaine intelligence et un assez bon jugement.

Ce campagnard est un **homme de bon sens.**

Lever un plan : prendre sur le terrain les éléments pour tracer un plan.

Je prends encore quelques angles, et mon **plan** *est* **levé.**

Faire un plan : tracer un plan au moyen des éléments pris sur le terrain.

J'ai tous les angles, &c., nécessaires pour **faire mon plan.**

Ouvrage d'esprit : ouvrage semé de traits d'esprit. *Cette comédie est un* **ouvrage d'esprit.**

Ouvrage de l'esprit : ouvrage exécuté par l'intelligence. *Une arithmétique est un* **ouvrage de l'esprit.**

Être faible : avoir ordinairement l'esprit faible. *Il* **est** *trop* **faible** *pour réussir en quoi que ce soit.*

Avoir des faiblesses : avoir dans certains cas l'esprit faible. *Cet homme si énergique a parfois d'incroyables* **faiblesses.**

Correction des Locutions vicieuses les plus remarquables.

Il faut dire :

Être en état d'agir.
(et non : à même...)

La Foudre tomba.
(et non : l'orage...)

De meilleure *heure.*
(et non: *de* plus bonne *heure.*)

Un jour **ouvrable**.
(et non : ouvrier.)

Quant à moi.
(et non : tant qu'à *moi.*)

Demander **pardon**.
(et non : excuse.)

Faites en sorte que.
(et non : tâchez que...)

Bien qu''il soit.
(et non : malgré qu'...)

Où **demeurez**-vous ?
(et non : restez-*vous*).

Avoir quelqu'un à **dîner**.
(et non... à manger.)

Avoir **bien** faim.
(*et non*... très...)

Avoir une maladie.
(et non... faire...)

Avoir du malheur.
(et non... jouir *de*...)

Avoir des **difficultés**.
(et non... *des* raisons.)

Il faut dire .

Sucrez votre café.. etc.
(et non : sucrez-vous.)

Changez de vêtements.
(et non : changez-vous.)

Une chose **importante**.
(et non : conséquente.)

Une rue **fréquentée**.
(et non : passagère.)

Un **Collet** d'habit.
et non : col...)

Une **taie** d'oreiller.
(et non : tête. .)

Atteindre un but.
(et non : remplir...)

Comme de **raison**.
(et non : *de* juste.)

Je le ferai **volontiers**.
(et non : tout de même.)

Brave **au dernier point**.
(et non : comme tout.)

Être sans rien faire.
(et non : à ne rien faire.)

Quel est le **quantième** ?
(Le combien sommes-nous ?)

Avant de partir.
(et non... auparavant *de*...)

Plus de travail.
(Et non... davantage *de*...)

Il faut dire ;

Il faut dire ;

Aussi grand que
(et non : aussi grand comme.)

Autour de l'atelier.
(et non : alentour de ..)

Sous quelque chose.
(et non : dessous...)

Sur quelque chose.
(et non . dessus ..)

A travers la claire-voie.
(et non : à travers de la...)

Au travers du mur.
(et non : à travers du...)

Il est **à** lire.
(et non : après à lire.)

Il **suit de là.**
(et non : il s'ensuit de là.)

La lime **du** serrurier.
(et non . au serrurier.)

Sur **le** midi.
et non : les midi.)

(Dans **l'escalier.**
(et non : les escaliers.)

Avoir **la** fièvre.
(et non : les fièvres.)

A **notre** âge.
(et non : nos âges.)

Midi précis.
(et non : précise.)

Et alors.
(et non : et alors par conséquent)

Un travail d'**une heure.**
(et non : d'une heure de temps.)

Un **peu**.
(et non : un petit peu.

Avant qu'il parte.
(et non : qu'il ne parte.)

Vers **une heure**.
(et non : les une heure.)

Tellement grand.
(et non : si tellement...)

Se **rappeler** une chose.
(et non : se rappeler d'une...)

Le pavillon **monte.**
(et non : monte en haut.)

Le pavillon **descend.**
(et non : descend en has.)

Et ensuite il partit.
(et non : et puis ensuite.)

Il a bien agi.
(et non : il en a...)

Outre cela.
(et non : en outre de cela.)

Être **forcé** d'agir.
(et non : forcé malgré soi...)

Faire observer à quelq^n
(et non : observer à quelqu'un.

Correction des barbarismes les plus remarquables.

Il faut dire :

Aérostat.
(et non : aréostat.)

Aéronaute.
(et non : aréonaute.)

Col**o**phane.
(et non : colaphane)

Corp**ul**ence.
(et non : corporence.)

Er**y**sipèle.
(et non : érésipèle.)

Fuchsia.
(et non : fluxia.)

B**a**lsamine.
(et non : belsamine.)

Chrysanthè**me**.
(et non : chrysanthène.)

Pantomi**me**.
(et non : pantomine.)

Foss**o**yeur.
(et non : fosseyeur.)

Cui**ss**on.
(et non : cuison.)

Carure.
(et non : écarure.)

Chiru**r**gien.
(et non : chirugien.)

Vole (la) (à l'écarté).
et non : la volte.)

Il faut dire :

Cou-**de**-pied.
(et non : cou-du-pied.)

Orange**r** (fleur d').
(et non : d'orange)

Appar**i**tion.
(et non : apparution)

Compar**ut**ion.
(et non : comparition.)

Calfat.
(et non : galfat.)

Cé**r**ébrale.
(et non : célébrale.)

Mali**g**ne.
(et non : maline.)

Bru**i**ne (il).
(et non : il brume.)

Cesser.
(et non : décesser.)

Dissuader.
(et non : dépersuader.)

Essanger (pour la lessive).
(et non : échanger.)

Répond**u** (il a).
(et non : il a répond.)

Perclu**se**. (femme—.)
(et non : perclue.)

Bé**gaie** (il).
(et non : il bègue.)

VOCABULAIRE.

SYNONYMES ET PARONYMES.

*Mots les plus usités qui, n'ayant entre eux qu'une différence peu
sensible en apparence, sont assez fréquemment employés les
uns pour les autres.*

Abstraction   : inattention par excès de réflexion.
Distraction   : inattention par insuffisance de réflexion.

Académicien : membre d'une académie de littérature, etc.
Académiste : membre d'une académie de gymnastique.

Astronome : savant qui connaît les lois des astres.
Astrologue : charlatan qui prétend lire dans les astres.

Effilé : ayant le tranchant comme un fil (couteau —.)
Effilé : étant allongé comme un fil (poinçon—.)

Alléger : diminuer de poids.
Allégir : diminuer de volume.

Atterrage   : lieu d'un rivage où un navire peut aborder.
Atterrissage : action d'un navire arrivant à l'atterrage.

Aposter : mettre en un poste pour agir en traître.
Poster : mettre en un poste pour agir en brave.

Bocage : bois croissant au gré de la nature.
Bosquet : bois croissant au gré des hommes.

Bosselé : orné de bosses.
Bossué : détérioré par des bosses.

Bruine : pluie très-fine.
Brume : brouillard très-épais.

Calfater	: boucher pour se garder des liquides, etc.
Calfeutrer	: boucher pour se garder de l'air, etc.
Catholicisme	: religion des catholiques.
Catholicité	: ensemble des pays catholiques.
Carnassier	: qui ne peut se nourrir que de chair.
Carnivore	: qui se nourrit de chair et d'autres substances.
Chasseuse	: femme qui chasse (style ordinaire).
Chasseresse	: femme qui chasse (style mythologique).
Chrétienneté	: qualité de celui qui est chrétien.
Chrétienté	: ensemble des pays chrétiens.
Concis	: ne renfermant aucun mot inutile.
Précis	: ne renfermant aucune idée inutile.
Colorer	: donner de la couleur aux liquides, aux bois.
Colorier	: appliquer de la couleur à un dessin, à un plan.
Consommer	: employer sans idée de gaspillage (des provisions).
Consumer	: employer avec idée de gaspillage (des provisions).
Continu	: qui a lieu constamment sans interruption.
Continuel	: qui a lieu constamment avec interruption.
Continuation	: persévérance d'action avec idée d'interruption.
Continuité	: persévérance d'action sans idée d'interruption.
Convié	: personne invitée non encore reçue.
Convive	: personne invitée et reçue.
Couvé	: traité pour que le petit se forme (œuf)
Couvé	: dans lequel le petit se forme (œuf.)
Damasquinure	: incrustations métalliques dans du métal.
Damasquinerie	: art de faire ces incrustations métalliques.
Diffamant	: qui enlève l'honneur, mais non judiciairemen
Infamant	: qui enlève l'honneur, judiciairement.

Défiant	: mis sur ses gardes par l'expérience.
Méfiant	: mis sur ses gardes par l'instinct.
Dentition	: pousse des dents (la — d'un enfant).
Denture	: ensemble des dents (la — d'une dame).
Désapparier	: séparer des objets formant une paire (des souliers).
Désappareiller	: séparer des objets formant pendants (des tableaux)
Devin-eresse	: celui, celle qui prétend avoir le don de deviner.
Devineur-euse	: celui, celle qui s'amuse à deviner.
Demanderesse	: celle qui demande en justice.
Demandeuse	: celle qui demande autrement qu'en justice.
Echouage	: endroit pour échouer un navire.
Echouement	: action d'échouer un navire.
Effaré	: mis hors de soi par la peur (homme —.)
Effarouché	: mis sur ses gardes par la peur (chat —.)
Egaler	: atteindre au même niveau (— un savant.)
Egaliser	: mettre au même niveau (— un terrain.)
Eminent	: grand, mais qu'on peut éviter (danger —).
Imminent	: si grand qu'on ne peut l'éviter (danger —).
Endémique	: qui sévit ordinairement dans un pays (maladie).
Epidémique	: qui sévit temporairement dans un pays (maladie).
Ennuyant	: qui ennuie momentanément.
Ennuyeux	: qui ennuie ordinairement.
Envier	: on envie quelque chose.
Porter envie	: on porte envie à quelqu'un.
Eruption	: sortie violente (l'éruption d'un volcan).
Irruption	: entrée violente (l'irruption des eaux.
Fanaison	: époque où l'on convertit l'herbe en foin.
Fenaison	: temps voulu pour convertir l'herbe en foin.

Floraison	: époque où une plante fleurit
Fleuraison	: période pendant laquelle une plante fleurit.
Fleuriste	: homme qui cultive les fleurs.
Floriste	: homme qui a écrit un livre sur les fleurs.
Fragile	: qui se brise et ne ploie pas (glace—.)
Frêle	: qui se ploie et ne casse pas (roseau—.)
Froideur	: extrême réserve des personnes.
Froidure	: extrême fraîcheur de l'atmosphère.
Furieux	: accidentellement en fureur.
Furibond	: ordinairement en fureur.
Gradation	: ascension ou descente par degrés.
Graduation	: action de marquer des degrés.
Herboriseur	: chercheur de plantes pour les étudier.
Herboriste	: Chercheur de plantes pour les vendre.
Infecté	: imprégné d'une odeur désagréable.
Infesté	: rempli d'êtres, de végétaux nuisibles.
Matinal	: se levant matin, contrairement à ses habitudes.
Matineux	: se levant matin, conformément à ses habitudes.
Mousseux	: produisant de la mousse (vin—.)
Moussu	: revêtu, garni de mousse (rose—.)
Membré	: pourvu de membres bien développés.
Membru	: pourvu de membres très-développés.
Mouvoir	: déplacer un objet et même son contenu.
Mouver	: sans déplacer un objet, en remuer le contenu.
Odorant	: de quoi émane une odeur très-douce.
Odoriférant	: de quoi émane une odeur pénétrante.
Languissant	: qui a une langueur maladive.
Langoureux	: qui a une langueur amoureuse.

Ombreux : qui donne de l'ombre (allée ombreuse).
Ombrageux : qui est soupçonneux craintif (cheval, homme.)

Pansement : action de panser le mal des gens, des animaux.
Pansage : action de panser, de soigner les animaux.

Passagère : qui ne fait que passer (indisposition—.)
Passante : dans quoi on ne fait que passer (rue—.)

Plier : mettre en double une chose qui ne se redresse pas.
Ployer : mettre en double une chose qui se redresse.

Recouvrer : acquérir un bien qu'on avait perdu.
Recouvrir : adapter de nouveau une couverture.

Rive : bord d'une rivière, d'un lac, d'un fleuve.
Rivage : bord des mers, des fleuves et des lacs immenses.

Romanesque : tel qu'une aventure, un personnage de roman.
Romantique : tel qu'un site, un paysage de roman.

Sensibilité : impression réelle de l'homme sensible.
Sensiblerie : impression feinte de l'homme insensible.

Servitude : état de l'être plongé dans l'esclavage.
Servilité : état de l'être qui se plaît dans l'esclavage.

Souffrant : qui éprouve de la souffrance temporairement.
Souffreteux : qui éprouve de la souffrance ordinairement.

Tacher : faire des taches qui salissent.
Tacheter : garnir de taches qui ornent.

Taupière : piége à taupes.
Taupinière : terrier de taupes.

Vénéneux : qui recèle du poison (végétal—.)
Venimeux : qui recèle du venin (animal—.)

Vernir : enduire de vernis les tableaux, les meubles.
Vernisser : enduire de vernis les vases, les poteries.

Ane	: qui ne sait rien, et a étudié.
Ignorant	: qui ne sait rien, mais n'a pu étudier.
Calomnier	: parler mal de quelqu'un sans fondement.
Médire	: parler mal de quelqu'un avec fondement.
Déserteur	: celui qui déserte sans passer à l'ennemi.
Transfuge	: celui qui déserte et passe à l'ennemi.
Couple (une)	: deux animaux ne devant pas agir ensemble.
Paire	: deux animaux devant agir ensemble.
Vétusté	: délabrement par ancienneté des meubles, etc.
Vieillesse	: ancienneté des individus.
Silencieux	: qui ne parle que quand il doit parler.
Taciturne	: qui ne parle pas même quand il doit parler.
Lâche	: accessible à la peur, mais jamais courageux.
Poltron	: accessible à la peur, mais parfois courageux.
Fané	: desséché, mais qui peut retrouver sa vigueur.
Flétri	: desséché et qui ne peut retrouver sa vigueur.
Diaphane	: dont la lumière peut traverser les parties.
Transparent	: dont le regard peut traverser les parties.
Emulation	: désir d'égaler que n'inspire pas la jalousie.
Rivalité	: désir de surpasser qu'inspire la jalousie.
Fade	: qui ne satisfait pas assez le goût, l'esprit.
Insipide	: qui ne satisfait aucunement le goût, l'esprit.
Infertile	: qui ne produit pas, faute d'être cultivé (terrain).
Stérile	: qui ne produirait pas même étant cultivé (id).
Plausible	: qui n'a pas de preuves contre.
Probable	: qui a des preuves pour.
Elaguer	: enlever ce qu'on juge surabondant (un arbre).
Emonder	: enlever ce qu'on ne trouve pas agréable (dº).

Agronome	:	théoricien pour la culture de la terre.
Agriculteur	:	praticien pour la culture de la terre.
Bâtonniste	:	individu manœuvrant bien le bâton.
Bâtonnier	:	avocat qui est censé porteur d'un bâton.
Cosmogonie	:	science expliquant la formation du monde.
Cosmographie	:	science expliquant l'état présent du monde.
Cagot	:	faux dévot pour cacher sa scélératesse.
Bigot	:	faux dévot pour cacher ses passions.
Capable	:	qui est en état de faire certaines choses.
Susceptible	:	qui est de nature à éprouver certaines choses.
Digne	:	susceptible d'être estimé ou méprisé.
Indigne	:	qui n'est pas susceptible d'être aimé, estimé.
Apogée	:	le plus haut degré d'élévation de grandeur, etc.
Paroxysme	:	le plus haut degré d'intensité de colère, de douleur.
Convaincre	:	on convainc une personne peu disposée à croire.
Persuader	:	on persuade une personne disposée à croire.
Harem	:	demeure spéciale des femmes d'un sultan.
Sérail	:	palais où habite un sultan.
Fleuve	:	cours d'eau considérable se jetant dans la mer.
Rivière	:	cours d'eau important se jetant dans un fleuve.
Prémices	:	fruits que la terre, le talent donne en premier lieu.
Primeurs	:	fruits, légumes qui mûrissent en premier lieu.
Tendresse	:	qualité d'une personne qui a le cœur tendre.
Tendreté	:	qualité d'une viande, etc , qui est tendre.
Aïeux	:	anciens membres d'une famille.
Ancêtres	:	très-anciens membres d'une famille.
Indigènes	:	descendants d'anciens habitants d'un pays.
Aborigènes	:	descendants des plus anciens habitants d'un pays.

Acre	: peu agréable au goût par défaut de douceur.
Apre	: peu agréable au goût par défaut de maturité.
Aridité	: défaut constant d'humidité.
Sécheresse	: défaut temporaire d'humidité.
Apprivoiser	: rendre traitable un animal au naturel féroce.
Priver	: rendre familier un animal au naturel doux.
Barbarisme	: altération d'un mot. (Volte pour vole)
Solécisme	: incorrection d'une phrase. (Plus bon pour meilleur).
Pureté	: emploi judicieux des règles du langage, etc.
Purisme	: emploi exagéré des règles du langage.
Chimère	: idée formée sans aucun motif.
Illusion	: idée formée sans motif suffisant.
Incubation	: opération pour l'éclosion des œufs.
Couvaison	: temps nécessaire pour l'éclosion des œufs.
Infidèle	: qui trahit sa foi ouvertement (femme—.)
Perfide	: qui trahit sa foi secrètement (femme—.)
Divination	: action de divulguer le passé et le présent.
Prophétie	: action de divulguer le futur.
Entremise	: intervention pour concilier des intérêts.
Médiation	: intervention pour concilier les esprits.
Morne	: profondément triste (visage.—)
Sombre	: profondément triste et menaçant (visage—.)
Insidieux	: qui trompe en ne montrant qu'un côté des choses.
Captieux	: qui trompe en montrant le beau côté des choses.
Enthousiasmé	: surexcité temporairement.
Exalté	: surexcité ordinairement.

Le **hameau** n'a pas d'église ; le **village** en a une.

La **grève** a des cailloux ; et la **plage** du sable.

Le **quadrupède** a 4 pieds (ou pattes) ; le **quadrumane**, 4 mains.

Le **fortuné** a du bonheur ; le **riche**, de la richesse.

En **disette** on a peu ; en **famine** on n'a rien.

L'**élite** (d'une armée) c'est le meilleur; la **fleur**, le brillant.

Le **génie** crée ; le **talent** reproduit.

Soûl on ne marche plus ; **ivre**, on va encore.

L'**ouragan** sévit sur terre ; la **bourrasque**, sur mer.

L'animal **ovipare** fait des œufs ; le **vivipare**, des petits.

Une statue **pédestre** est à pied ; une **équestre**, à cheval.

La **sentinelle** veille à pied ; la **vedette**, à cheval.

Le témoin **oculaire** voit ; l'**auriculaire** entend.

Le **myope** voit bien de près ; le **presbyte** de loin.

Le **bouquineur** collectionne les vieux livres ; le **bouquiniste** les vend.

L'**oiseleur** attrape les oiseaux ; l'**oiselier**, les vend.

Le **gourmet** veut la qualité ; le **gourmand**, la quantité.

Le **sybarite** est mou à la souffrance ; le **stoïcien**, dur.

L'**optimiste** trouve tout bien ; le **pessimiste**, tout mal.

Le **misanthrope** hait les hommes ; le **philanthrope**, les aime.

Le **théoricien** conçoit ; le **praticien** exécute.

L'écrivain **plagiaire** vole ; le **compilateur** emprunte.

Un **émissaire** agit ; un **espion** observe.

Un air **juvénile** est celui d'un jeune homme ; **sénile**, d'un vieillard.

L'**oculiste** soigne les yeux ; le **pédicure**, les pieds.

Le **Berger** garde le menu bétail ; le **Pâtre**, le gros.

Avant est opposé à APRÈS, et **devant** à DERRIÈRE.

On est **entre** quelques-uns ; **parmi** un bon nombre.

Déplorable, impardonnable ne se disent que des choses.

MOTS CHOISIS.

Les mots entre parenthèses sont les définitions des mots en tête des lignes.

—

Polyglotte : c'est un (individu parlant plusieurs langues).
Philologue : c'est un (savant pour ce qui concerne les langues.)
Archéologue : c'est un (savant s'occupant des monumens anciens).
Entomologiste : c'est un (savant pour ce qui concerne les insectes.)
Insulaire : c'est un (habitant d'une île.)
Anachorète : c'est un (religieux vivant dans la solitude.)
Cosmopolite : c'est un (individu se disant citoyen du monde.)
Zoïle : c'est un (critique absurde, injuste.)
Aristarque : c'est un (critique sévère, mais juste.)
Mécène : c'est un (protecteur des lettres et des arts.)
Vandale : c'est un (destructeur des belles choses.)
Parasite : c'est un (individu vivant aux dépens des autres.)
Commensal : c'est un (compagnon de table.)
Amphytrion : c'est un (personnage recevant à sa table.)
Aéronaute c'est un (conducteur de ballons.)
Cornac : c'est un (conducteur d'éléphants.)
Paria : c'est un (individu condamné à la misère, à l'abjection.)
Contumax : c'est un (individu jugé et condamné quoique absent.)
Monomane : c'est un (individu qui n'a qu'une idée fixe.)
Fataliste : c'est un (individu croyant aux arrêts du destin).
Sicaire : c'est un (assassin à gages.)
Comparse : c'est un (figurant de théâtre ne devant rien dire.)
Ornemaniste : c'est un (ouvrier-artiste faisant des ornements.)
Anthropophage : c'est un (mangeur de chair humaine.)
Horticulteur : c'est un (cultivateur des plantes de jardins.)
Néophyte : c'est un (nouvel adepte d'une religion, etc.)
Valétudinaire : c'est un (individu dont la santé est toujours chancelante.)

Aérolithe : c'est un (minéral tombé des airs.)

Monolithe : c'est un (monument fait d'une seule pierre.)

Confluent : c'est un (point où deux cours d'eau s'unissent.)

Affluent : c'est un (cours d'eau qui va s'unir à un autre.)

Amnistie : on décréta une (grâce générale)

Armistice : on viola le (repos conclu entre les combattants.)

Oasis : c'est une (île de verdure dans le désert.)

Rizière : c'est une (terre ensemencée de riz.)

Falaise : c'est une (hauteur escarpée près d'un rivage.)

Clairière : il est dans une (partie de forêt dépourvue d'arbres.)

Hécatombe : on fit une (boucherie d'une centaine) de cosaques.

Epizootie : il y eut une (épidémie d'animaux)

Sinécure c'est une place (procurant une solde et pas de travail.)

Monopole : il a le (privilége de s'occuper seul) de la vente, etc.)

Prépondérance : vous avez la (supériorité de force) partout.

Nostalgie : je meurs de (la douleur d'être loin du pays natal.)

Panacée : c'est une (chose qui est censée guérir tous les maux.

Bauge : la (place fangeuse de refuge du sanglier) est là.

Alvéole : la dent, l'abeille est hors de son (trou.)

Orbites : ses yeux sortaient de leurs (cavités.)

Mausolée : il s'arrêta près du (tombeau splendide.)

Martyrologe : c'est le (livre où sont inscrits les martyrs) de la science, etc.

Paradoxe : c'est un (sentiment tout contraire à l'opinion de tous.)

Anachronisme,s : ce sont des (erreurs de dates.)

Envergure : cet oiseau a une grande (étendue d'ailes.)

Encyclopédie : c'est une (œuvre traitant de toutes les sciences.)

Zoologie : j'étudie la (science qui s'occupe des animaux.)

Archéologie : j'étudie la (science qui s'occupe des monuments anciens).

Symptômes : ce sont les (premiers indices) de ce mal.

Incommensurable : c'est une chose (qui ne peut se mesurer.
Impondérable : c'est une chose (qui ne peut se peser.)

Insoluble : c'est un problème (qui ne peut être résolu.)
Indissoluble : c'est un nœud (qui ne peut être défait.)

Opaque : c'est un corps (que la lumière ne peut pénétrer.)
Diaphane : c'est un corps (que la lumière peut pénétrer.)

Implacable : c'est une haine (qui ne peut être apaisée.)
Insatiable : c'est une ambition (qui ne peut être satisfaite.)

Homogène : c'est un corps (formé de parties du même genre.)
Hétérogène : c'est un corps (formé de parties de différents genres.)

Orthodoxe : c'est (conforme à la doctrine de l'église.)
Hétérodoxe : c'est (contraire à la doctrine de l'église.)

Normal : c'est un fait (conforme aux choses adoptées.)
Anormal : c'est un fait (contraire aux choses adoptées.)

Imperturbable : c'est un homme (que rien ne trouble.)
Timoré : c'est un homme (que tout rend craintif.)

Saxatile : c'est une plante (qui croît sur les rochers.)
Fluviatile : c'est une plante (qui croît dans les cours d'eau.)

Oléagineux : c'est un fruit (qui donne de l'huile.)
Aqueux : c'est un fruit (qui abonde en eau.)

Léonin : il a un regard (semblable à celui d'un lion.)
Aquilin : il a un nez (ayant la forme d'un bec d'aigle.)

Délétère : c'est une vapeur (qui détruit la santé.)
Salubre : c'est un climat (qui fortifie la santé.)

Olographe : c'est un testament (écrit de la main du testateur.
Autographe : c'est une lettre (écrite de la main du signataire.

Nomade,s : ce sont des gens (qui vont de pays en pays.)
Forain : c'est un marchand (qui va d'endroit en endroit.)

Vénale : c'est une âme (toujours prête à se vendre.)
Mercantile : c'est un esprit (qui ne s'occupe que de gains.)

Aquatique : c'est une plante (qui croît dans l'eau.)
Exotique : c'est une plante (non encore acclimatée.)

Aurifère : c'est un terrain (qui contient de l'or.)
Giboyeux : c'est un bois (qui est plein de gibier.)

Pulvérulent : c'est un chemin (plein de poussière.)
Purulent,e : c'est une plaie (pleine de pus.)

Incessible : c'est une chose (qui ne peut être cédée.)
Indélébile : c'est une tache (qui ne peut être effacée.)

Furtif : ce ne fut qu'un regard (jeté à la dérobée.)
Evasif : c'est un langage (qui n'a rien de formel.)

Précaire : c'est une situation (qui n'a rien d'assuré.)
Inamovible : c'est une position (qu'on a pour la vie.)

Malléable : c'est un métal (qui se travaille au marteau.)
Friable : c'est une substance (qui se réduit aisément en poudre).

Subtil : c'est un poison (qui agit rapidement.)
Inerte : c'est une masse (qui ne peut se mouvoir.)

Illicite : c'est une chose (qui n'est pas dans les choses permises.)
Insolite : c'est une chose (qui est en dehors des habitudes.)

Antédiluvien : c'est un animal (qui existait avant le déluge.)
Surannée : c'est une mode (passée depuis longtemps.)

Perspicace : c'est un homme (apte à découvrir les choses.)
Sagace : c'est un homme (apte à bien juger des choses.)

Posthume : c'est un enfant (né après la mort de son père.)
Viable : c'est un enfant (né dans l'état voulu pour vivre.)

Cinéraire : c'est une urne (contenant les cendres d'un mort.
Funéraire : ce sont les frais (causés par les funérailles.)

Immuable : c'est une volonté (que rien ne peut changer.)
Inexpugnable : c'est une ville (qui ne peut être prise.)

Synoptique : c'est un tableau (présentant l'ensemble des choses.)
Encyclopédique : c'est un savoir (embrassant toutes les connaissances humaines.)

Irascible : c'est un homme (prompt à s'irriter.)

Ineffable : c'est un bonheur (qui ne peut s'exprimer.)

Prosaïque : c'est une occupation (qui est sans poésie.)

Expansif : c'est un homme (qui dit volontiers ses sentiments).

Illusoire : c'est une promesse (qui ne produit que des illusions).

Contondant : c'est un instrument (qui blesse sans couper.)

Radicale : c'est une guérison (qui a extirpé les racines du mal).

Solidaire,s : Nous sommes tous (responsables les uns pour les autres)

Endolorie : J'ai l'âme (meurtrie par la douleur.)

Diluvienne : C'est une pluie (comme celles du déluge.)

Nubile : c'est une fille (en état d'être mariée.)

Néfaste : c'est un jour (qui rappelle un désastre.)

Spongieux : c'est un corps (qui est de la nature de l'éponge.)

Patronymique : c'est mon nom (de famille.)

Lucide : le fou a eu un moment (où la raison lui est revenue.)

Riveraine : je visite la population (qui vit sur les bords du fleuve.)

Corrosif : c'est un liquide (qui brûle les chairs, etc.)

Tutélaire : c'est l'ange (qui veille au bonheur) de ma famille.

Subversives : ce sont des idées (tendant au renversement de l'ordre.)

Aléatoire : c'est une opulence (qui repose sur les chances du sort).

Vulnérable : c'est le point (qui peut être blessé.)

Tumulaire,s : ce sont des choses (propres aux tombeaux.)

Pathétique : c'est un discours (propre à émouvoir.)

Intrinsèque : c'est la valeur (réelle, absolue et non relative) de l'objet.

Cynique : c'est un homme (criminel, obscène avec effronterie.)

Technique : c'est un terme (spécial à un métier, une science.)

Nutritive,s : cette substance a des parties (propres à nourrir.)

Obséquieux : c'est un homme (poli à l'excès.)

Authentique : c'est un fait (qu'on a appris à bonne source.)

Dilatoire : c'est un moyen (permettant d'obtenir un délai.)

Annihiler : Il faut (réduire à rien) ces choses-là.

Corroborer : ce fait vient (rendre plus forte) mon opinion.

Herboriser : il aime à (chercher des plantes.)

Thésauriser : Il aime à (amasser de l'argent.)

Décimer : le choléra va (réduire d'un dixième) nos armées.

Décupler : la victoire va (rendre dix fois plus fortes) nos armées.

Rabougrir : le vent va (rendre chétifs) ces arbres.

Ecimer : il faut (couper les cimes) de ces arbres.

Assumer : il ne faut pas (prendre sur soi) une telle responsabilité.

Pallier : il faut (amoindrir la gravité de) cette faute.

S'étioler : cette fleur va (perdre ses principes de force, de beauté.)

S'immiscer : il veut (porter ses investigations) dans nos affaires.

Torréfier : il faut (faire brûler) le café.

Résilier : il faut (rendre nul) ce marché.

Fasciner : le serpent va (exercer une attraction sur) l'oiseau.

Evoquer : il va (faire apparaître) le diable.

Spolier : on veut me (dépouiller de mon bien.)

Réhabiliter : on va (rétablir dans ses droits, etc.) ce condamné.

Surseoir : on va (mettre un délai) à l'exécution du condamné.

Piaffer : ce cheval va (frapper des pieds de devant)

Pulluler : les fourmis vont (naître en foule.)

Se coaguler : ce sang va (se diviser en parties solides)

Atterrir : le vaisseau va (prendre terre.)

Assouvir : je vais (satisfaire pleinement) ma vengeance.

Le lapin *clapit* ; le renard *glapit* ;

La grenouille *coasse* ; le corbeau *croasse* ;

La poule *glousse* ; le dindon *gouglote* ;

Le poussin *piaule* ; le petit enfant *vagit* ;

L'âne *brait* ; le cerf *brame* ; le cheval *hennit* ;

Le bœuf (ainsi que la vache, le taureau) *mugit, meugle, beugle.*

L'*oseraie* est plantée d'osiers ; la *Saussaie*, de saulès ; la *Tremblaie*, de trembles ; la *Cerisaie*, de cerisiers ; la *Châtaigneraie*, de châtaigniers ; la *Pommeraie*, de pommiers ; le *Taillis*, d'arbres souvent coupés ; la *futaie*, d'arbres séculaires.

Parmi les diamants, les *rubis* sont rouges ; les *topazes*, jaunes ; les *saphirs*, bleus ; les *émeraudes*, vertes ; les *améthystes*, violettes ; les *turquoises*, bleu-verdâtre.

Un espace de temps *hebdomadaire* comprend une semaine; *éphémère*, à peine un jour ; *biennal*, deux ans ; *triennal*, trois ans ; *séculaire*, un siècle ; *mensuel*, un mois.

Un *sexagénaire* a 60 ans ; un *septuagénaire*, 70 ; un *octogénaire*, 80.

La race des brebis est : *ovine*, des chats : *féline*, des chevaux : *chevaline*, des bœufs : *bovine*, des porcs : *porcine*.

Le *faon* est un petit de biche ; le *marcassin*, de sanglier.

La *laie* est une femelle de sanglier ; la *hase*, de lièvre.

Le *chameau* a 2 bosses ; le *dromadaire*, une seulement.

Le *bigame* a 2 femmes ; le *polygame*, plusieurs.

L'*Iman* est le prêtre des mahométans ; le *rabbin*, des juifs ; le *bonze* des Indiens ; le *pope* des Russes ; le *marabout* des Arabes.

La *synagogue* est l'église des juifs ; la *mosquée*, des mahométans.

L'*anonyme* est sans nom; le *pseudonyme* est un faux nom.

Le *paronyme* a un nom presque semblable ; l'*homonyme* a le même nom.

Le *régicide* tue un roi ; le *déicide*, un Dieu.

La *czarine* est la femme du *czar* ; le *czarowitz*, son fils.

Le *firman* est un décret du sultan ; un *ukase*, du czar.

Explicite, signifie : bien expliqué ; *implicite* : bien sous-entendu.

On *inhume* ou on enterre ; on *exhume* ou on déterre.

Prononciation de certains noms remarquables.

Les batailles de *Waterloo* (vaterlo) et de *Wagram* (vagram) ;
Les villes de *Bruxelles* (Brusselle), de *Liverpool* (Liveurpoul); de *Metz* (Mess) ; de *Laon* (Lan) ; de *Caen* (Can) ; de *Sheffield* (Chéfilde) ; de *Newcastle* (Nioucassle) ; d'*Auxerre* (d'Aussère) ; de *New-York* (Niou-Iork) ; de *Washington* (Ouachingt'n).

Le capitaine *Cook* (Gouke) et l'amiral *Duquesne* (Dukène.)

Les romanciers *Walter-Scott* (Oualteur Scote) et *Cooper* (Koupeur.)

Les journaux le *Times* (Taïmeze) et le *Daily-News* (Déliniouze.)

L'acteur *Kean* (Kine) et le dramaturge (*Shakespeare* (Shekspire.)

Un beau *sloop* (sloupe) et un vieux *Schooner* (Skouneur.)

Le poète *Regnard* (Renard) et l'écrivain *Michel Montaigne* (Montagne.)

Le vicaire de *Wakefield* (Ouèkefilde) et Lucie de *Lamermoor* (Lameurmour.)

Le jeune *William* (Ouiliame) et le vieux *John Bull* (djone Boule.)

Le duc de *Guise* (Gu-ise) et le duc de *Wellington* (Ouellingt'n.)

Le connétable *Duguesclin* (Duguéclin) et le ministre *Sully* (Syy.)

Le courtisan *Cinq Mars* (Cinmar) et le comte de *Bezenval* (Beuzval.)

Lord *Brougham* (Broume) et le prince de *Broglie* (Broye.)

Le poète *Young* (ieungue) et l'historien *Hume* (Hioume.)

Le *Foreign-office* (fôrine-ofice) et l'abbaye de *Westminster* (Ouestminsteur.)

Un tableau de *Michel-Ange* (Mikel-ange) et le livre de *Machiavel* (Makiavel)

Un régiment de *Highlanders* (Haïlandeurze). Un *Meeting* (Mitinegue.)

Le Mécanicien *Watt* (Ouate). Le protecteur *Cromwell* (Cromouel.)

Un parfait *gentleman* (dgentlemane) et un honnête *watchman* (ouatchemane.)

Un *gentleman rider* (djentleman raïdeur) et un *steeple-chase* (stiple-tchèce.)

Un *toast* (tôste), un *Whist* (ouiste), un *groom* (groume).

Règles pour la **PONCTUATION** et l'emploi de certains signes.

La ponctuation a pour but d'indiquer les repos que l'on doit faire dans la diction, et d'éviter de la confusion dans la rédaction.

Il y a un certain nombre de mots qui servent à joindre les parties de phrase, et qu'on peut avantageusement prendre pour bases, afin de déterminer les moyens de ponctuation.

Avant **et** joignant des expressions courtes, on n'emploie aucun signe de ponctuation.

J'ai un sabre **et** *un pistolet.*

Mais si **et** sert de liaison à des expressions d'une certaine longueur, on le fait précéder d'une *virgule* (,).

La cavalerie faisait des charges, **et** *l'infanterie attendait.*

La répétition des mots servant de liaison aurait été désagréable ; aussi a-t-on supprimé ces sortes de mots dans beaucoup de cas ; au lieu de dire : *j'ai un sabre* **et** *un pistolet* **et** *une épée,* on dit mieux : *j'ai un sabre, un pistolet* **et** *une épée.*

Toutes les fois que **et** est sous-entendu entre deux expressions courtes, on le représente par une virgule.

J'ai un sabre, un pistolet, une épée **et** *un revolver.*

Quand **et** est sous-entendu entre deux parties de phrase d'une certaine longueur, on le représente par le *point-et-virgule* (;)

La frégate filait huit nœuds ; le brick en filait douze.

Le mot **et** est un des liens les plus usités dans le discours ; on emploie aussi souvent **mais, car, toutefois, donc**...; avant **mais, toutefois, cependant** ..on met le point-et-virgule.

Partez quand vous voudrez ; mais ne revenez pas tard.

Avant **car**, on emploie généralement un point-et-virgule :

Il faut travailler ; car nous avons beaucoup d'ouvrage.

Si **car** est sous-entendu, on le représente par le *deux-points*.

Il faut travailler : nous avons beaucoup d'ouvrage.

Avant **donc**, on emploie le point-et-virgule.

Vous ne parlez pas : **donc** *vous avez tort.*

Donc sous-entendu se représente par le deux points.

Vous ne répondez pas : vous consentez.

Il faut une virgule entre deux parties de phrase dont l'ordre pourrait être changé :

Il s'éloigna de la ville, n'y trouvant pas d'ouvrage.
N'y trouvant pas d'ouvrage, il s'éloigna de la ville.

On met entre deux virgules, les expressions, les parties de phrase qu'on pourrait supprimer, ou qu'on pourrait déplacer à volonté :

L'ouvrier, qui n'est pas riche, se nourrit mal.

Qui n'est pas riche est superflu ; car la qualité d'ouvrier éloigne l'idée de richesse; mais on ne met pas de virgule avant **qui, que,** lorsque la partie de phrase ne peut pas être supprimée :

L'ouvrier qui est habile, a toujours de l'ouvrage.

On met aussi entre deux virgules les accessoires de phrase qu'on peut déplacer à volonté.

Je vous annonce, Général, que j'ai exécuté vos ordres.
Général, je vous annonce que j'ai exécuté vos ordres.
Je vous annonce que j'ai exécuté vos ordres, mon Général.

On emploie le deux-points avant une réflexion, conséquence d'un fait énoncé :

Je doutai longtemps : il est si difficile de croire de pareilles choses.

On met le deux-points avant une énumération précédée de **voici**, de **savoir** :

Voici *ce que j'aime : l'art et la liberté.*

Il y a deux choses que j'aime, **savoir** *: l'art et la liberté.*

On met aussi le deux-points avant **voilà** précédé d'une énumération :

L'art et la liberté : **voilà** *ce que j'aime.*

On emploie le deux-points quand on reproduit les paroles de quelqu'un, des passages d'un écrit :

Il disait : je veux mourir pour mon pays.

Voltaire dit quelque part : le travail régit le monde.

Le plus souvent ce qu'on reproduit est précédé et suivi d'un *guillemet* (») :

Il disait : « je veux mourir pour mon pays. »

Si ce qu'on reproduit exactement a une étendue de plusieurs lignes, le guillemet doit précéder chaque ligne :
Jésus-Christ a dit :

« Heureux sympathisez avec le pauvre hère,

» Et le malheur bientôt s'enfuira de tous lieux. »

Quand on parle avec chaleur, avec enthousiasme, quand on fait une réflexion admirative, exclamative, on emploie le *point d'exclamation* (!) :

Qu'il est beau de mourir pour son pays !

Quand on interroge, on emploie le *point d'interrogation* (?) :

D'où venez-vous ? Venez-vous de l'atelier ?

Une interrogation est ordinairement suivie d'une réponse ;
une conversation s'engage : dans ce cas, entre les demandes
et les réponses, on emploie le *tiret* (—), afin que ce chacun
dit soit bien distinct :

D'où venez-vous ? — Je viens de l'atelier. Et vous ? — J'y vais.

On emploie encore le tiret quand on veut détacher une partie de phrase :

     Je croyais — bien à tort — qu'il avait déserté.

Dans ce cas on emploie également la *parenthèse* ( ).

     Je croyais (bien à tort) qu'il avait déserté.

On emploie *plusieurs points (...)* pour marquer un moment
de réflexion, un repos, un silence, une interruption... ; après
une partie de phrase inachevée :

Vous me demandez si je veux travailler avec vous... je réfléchirai.

     Ecoutons... c'est peut-être lui... si c'était lui !...

     Vous êtes un homme... mais vous serez puni.

On emploie un point unique, quand ce qui suit ne se lie
pas intimement à ce qui précède :

     J'ai trouvé vingt fusils. Combien faut-il de poudre ?

Enfin on passe à une autre ligne, quand on veut traiter un
autre point d'une composition :

Je vous informe d'abord que nous sommes en parfaite santé... etc.

     Je vais maintenant vous parler des dangers que nous avons
          courus... etc.

     Le pays est vraiment admirable... etc.

Comme on le voit, le premier point relatif à la santé déve-
loppé, on passe à la ligne pour raconter les dangers d'une
traversée... puis on passe encore à la ligne pour la description
du pays...

INDEX.

9 782329 025933